国际邮轮商品零售服务

主　编　黄超夷

哈尔滨工程大学出版社
Harbin Engineering University Press

内容简介

本书以国际邮轮商品零售行业标准和岗位要求为指导，以国际邮轮商品零售上岗能力和可持续发展能力为依据，以满足国际邮轮和免税零售企业需求为目标，根据实际工作任务对国际邮轮商品零售服务领域的知识内容进行重构。本书包括免税购物行业的介绍、世界知名高端零售商品介绍、商品的销售步骤和技巧、邮轮公司和邮轮免税店、免税商店员工管理五大模块，每个模块细分为若干专题，每个专题由阅读、讨论、学习、实践等环节构成，并融入赞美篇，实现润物细无声的育人目的。

本书既可以作为国际邮轮乘务管理、酒店管理、旅游管理等专业的教材，也可以作为有意向从事国际邮轮免税零售领域的从业者和求职者的自学用书。

图书在版编目（CIP）数据

国际邮轮商品零售服务 / 黄超夷主编. — 哈尔滨 ：哈尔滨工程大学出版社，2023.4
ISBN 978-7-5661-3578-0

Ⅰ. ①国… Ⅱ. ①黄… Ⅲ. ①旅游船—零售业—商业服务 Ⅳ. ①F590.7

中国国家版本馆 CIP 数据核字（2023）第 060638 号

国际邮轮商品零售服务
GUOJI YOULUN SHANGPIN LINGSHOU FUWU

选题策划 雷 霞
责任编辑 李 暖
封面设计 李海波

出版发行 哈尔滨工程大学出版社
社 址 哈尔滨市南岗区南通大街 145 号
邮政编码 150001
发行电话 0451-82519328
传 真 0451-82519699
经 销 新华书店
印 刷 哈尔滨午阳印刷有限公司
开 本 787 mm×1 092 mm 1/16
印 张 15.25
字 数 316 千字
版 次 2023 年 4 月第 1 版
印 次 2023 年 4 月第 1 次印刷
定 价 60.00 元
http://www.hrbeupress.com
E-mail:heupress@hrbeu.edu.cn

序

自2006年中国全面向国际邮轮市场开放以来，中国的邮轮旅游产业发展迅速、成果显著。而各大邮轮公司投放到中国市场的邮轮船只的特色之一，就是专门为中国游客设计、定制或者改善的邮轮免税购物区域。无论是皇家加勒比的“海洋光谱号”、诺唯真的“喜悦号”、公主邮轮的“盛世公主号”，还是歌诗达的“威尼斯号”等，都可以明显地体现出这一特色。

从中国母港航线出发的邮轮船只上的免税店，往往比其他航线运营的同级别船只的店铺占地面积更大、商品种类更加齐全、商品档次更加高端。这不仅使邮轮旅游购物成为中国消费者在众多购物渠道中最时尚、最有趣的方式，也让免税购物成为中国游客乘坐邮轮的主要目的之一。

除在中国母港航线出发的邮轮以外，很多在海外母港航线上的邮轮，只要有了远道而来的中国游客，船上的免税店几乎是门庭若市、生意兴隆。中国游客成了世界各地邮轮公司争相吸引、热烈欢迎的群体。不仅在中国航线的邮轮免税店里可以看到中国店员，在世界任意一艘邮轮上的免税店里看到中国员工都不足为奇。会说中文已经成为全球旅游休闲零售行业人员具备的最重要的技能之一。

随着邮轮免税零售人才需求的激增，邮轮免税零售人才的培养成为各院校邮轮、酒店和旅游管理等相关专业的重要任务之一。我在进行中国市场的邮轮免税零售人才招聘和培养的过程中，有机会到多家院校进行招聘宣讲、行业知识分享和人才培养探讨。了解到目前相关院校培养该类人才仍然存在诸多痛点，其中教材的选择就是一大难题。虽然市面上有众多优秀的相关教材，但是鲜有一套教材能够把邮轮免税行业、免税购物、免税零售企业、世界知名高端零售商品、销售步骤和技巧以及人员管理等方面的信息兼收并蓄。

福建船政交通职业学院的黄超夷副教授具有丰富的国际邮轮乘务管理专业教学、教材编写和邮轮免税零售领域人才培养的经验。《国际邮轮商品零售服务》一书涵盖了邮轮免税行业的发展情况、免税购物的形式和渠道、主要的免税零售企业信息、常见的高端零售商品种类、邮轮免税零售的销售步骤和技巧以及零售人员管理等相关专业学生必备的知识和技能。

随着本书的出版，我非常期待有更多的学生群体和求职者通过阅读和学习本书，能够提高相关的行业知识储备、增长必要的专业技能，成为中国国际邮轮免税零售行业杰出的销售和管理人才；也希望源源不断的人才汇入，能够让中国邮轮产业更加蓬勃和健康地发展。

刘佳佳女士

（斯达伯德邮轮服务有限公司人力资源业务合作伙伴 – 经理）

2023 年 2 月

前　言

邮轮作为海上旅游休闲的工具，正在被国内越来越多的消费群体熟悉和接受。特别是近十几年来，国际邮轮集团进入我国市场，国内邮轮母港建设如火如荼，我国邮轮行业逐步实现从“无”到“有”的质的飞跃。党的二十大报告提出，发展海洋经济，保护海洋生态环境，加快建设海洋强国。2020 年我国开始构建双循环新发展格局，这是基于当前中国社会经济发展新阶段和国际大环境发生剧变的特殊时期提出来的前瞻性战略。2021 年是我国“十四五”规划启动实施的开局之年，“十四五”规划作为我国社会经济发展的整体大纲，也为我国邮轮产业发展带来了关键的战略规划指引。“新格局”叠加“新规划”，迈向新时期的邮轮产业需要新一轮转型升级，更需要加强中国邮轮产业教育，从而提升产业整体韧性。邮轮产业发展具有国际化的天然属性，邮轮产业发展国际化对邮轮产业发展的人才要求及其培养方式提出了挑战。随着我国中资邮轮品牌的发展和船队的建设，邮轮服务人才极度紧缺，而邮轮商品零售服务人才正是目前紧缺的人才之一。

本书作为省级职业教育在线精品课程的配套教材，以服务于邮轮产业为宗旨，以指导学生就业为导向，以“任务驱动”为途径，将邮轮商品零售服务领域的基本知识、最新知识，通过教材、多媒体资源以及虚拟现实和增强现实新技术手段全面立体地展现出来，充分体现职业教育和行业特色的课程体系特点，以培养适合市场需求的高素质劳动者和实用型技术人才。同时，本书作为“岗课赛证”融通教材，内容以国际邮轮免税零售的行业标准和国际邮轮免税零售企业招聘的岗位要求为指导，以培养岗位必备上岗能力和具有可持续发展能力要求为依据，搭建模块化的课程体系，并对接“1+X”邮轮运营服务职业技能等级证书。

本书根据真实工作任务对知识内容进行重构，并科学设计学习任务。针对学习目标，设计了免税购物行业的介绍、世界知名高端零售商品介绍、商品的销售步骤和技巧、邮轮公司和邮轮免税店、免税商店员工管理五大模块，每个模块内细分为若干专题，每个专题由阅读环节、讨论环节、学习环节、实践环节等构成，并融入赞美篇，以实现润物细无声的育人目的。

本书具有以下特点：

第一，本书为新形态教材，相应模块配套了微课、动画、视频、音频和虚拟仿真等数字化资源。本书对应的课程同时在“智慧职教”“优慕课”等教学平台呈现，实现了纸质教材+数字化资源的完美结合，体现了“互联网+”新形态一体化教材理念。学生可通过扫描本书配套的微信小程序获取学习资源并完成相应测试，随扫随学，自主学习兴趣被激发，实现了高效课堂。同时，本书采用活页式形式呈现。

第二，本书为校企合作开发“双元”教材，由福建船政交通职业学院联合厦门海陆海事服务有限公司、中免邮轮服务有限公司、斯达伯德邮轮服务有限公司共同开发。在产教融合、校企合作的过程中，本书对接国际先进教育理念，同时突显中国特色，及时融入邮轮商品零售的新知识、新方法、新理念、新技能，提升邮轮商品零售服务能力，增强专业教材的实用性。

第三，本书为“理实一体”教材，从方法到实践，串联成邮轮商品零售服务的全知识链，旨在为学生提供邮轮商品零售服务的理论并普及邮轮商品零售服务行业知识。同时，本书还从销售实践应用着手，结合实际销售案例，进行实际操作指导。

第四，本书重视国际公约与国际规则、法制与质量安全教育。邮轮行业是一个涉外性强的行业，应该在国际公约及国际规则下运作。在本书体系中进一步加强了学生国际行业法制观念意识、质量安全意识的教育和培养。

第五，本书融入课程思政元素。坚持正确的政治方向和价值导向，基于“一背景一主线四融合”文化育人模式（以国内国际双循环为经济大背景，以社会主义核心价值观为主线，融合红色革命文化、优秀传统文化、现代企业文化、区域名人文化），结合国际邮轮乘务管理专业人才培养标准，在培养学生具备邮轮商品零售服务所需知识和技能的同时，以“诚实、守信、明礼、仁爱”等中华优秀传统美德作为思政教育重点，将儒家“五常”（仁义礼智信）国学精髓与社会主义核心价值观对接，同时以“扩大对外开放”的基本国策为背景培养国际视野，将和谐高尚的人际观、和而不同的社会观、和睦与共的国际观等意识悄然内化，孕育民族复兴的理想和责任，最终完成教学内容与思政元素有机融合，构建“国学为基、开放为观”的思政育人体系，彰显中国特色，实现职业自信，为学生参加工作后尽快融入集体，适应工作岗位做好充分准备。

本书由福建船政交通职业学院黄超夷担任主编，负责组稿和统稿，由厦门海陆海事服务有限公司李乐天和汪金宝担任副主编。本书特邀斯达伯德邮轮服务有限公司人力资源业务合作伙伴－经理刘佳佳女士担任主审，她为本书提出了宝贵的意见。另外，任职于国际邮轮免税店商品零售岗位的资深工作人员李汶芳、匡兴、周宸、温耀鸿、张思嘉、孙思宇、江韵、张海洋、张浩、任舸等为本书提供了源于一线岗位的销售技能经验分享和对商品的认知理解；厦门海陆海事服务有限公司的许世平和杨添富以及福建船政交通职业学院的同学们在插图拍摄中给予了重要帮助。在此一并表示衷心的感谢！

限于编者经历和水平，书中难免存在疏漏与不足之处，恳请读者批评指正，以便在修订时完善。

编　者

2023 年 2 月

本书配套微信小程序

目　　录

模块 1　免税购物行业的介绍

邮轮零售知多少

免税店（duty-free shop）常常出现在世界各地的机场、港口、国际邮轮和轮渡上。“duty”这一词在 13 世纪时本义为某物欠着款。到 15 世纪时，“duty”的意思开始延伸为税收。到 17 世纪末，出现了我们现在常见的“duty-free”（免税）这个表达，代表着税务机构愿意放弃之前一贯征收的税收。

顾客可以在免税店购买不含关税等税收的境外商品。免税店的运营模式虽然与存在了两千多年的税收制度有所背离，但是对刺激消费、促进经济发展还是具有积极意义的。

现在免税店已经是零售行业的重要组成部分，更是旅行零售的核心部分。免税店的购物形式已经变得越来越灵活，免税购物的渠道也越来越多样。同时，在世界各地，产生了很多具有代表性的免税店运营企业。

【学习目标】

通过对本模块内容的学习，学员们应该达成以下 3 个目标：

1. 知识目标

- 掌握免税购物的历史
- 掌握免税购物的形式和渠道
- 掌握全球知名的免税零售企业

2. 技能目标

- 能够介绍免税购物发展史
- 具备辨别不同免税购物形式和渠道的能力

◆ 能够介绍全球知名的免税零售企业

3. 素质目标

能够展望中国免税购物行业发展前景，激发爱国热情。

专题1.1 免税购物行业的由来和邮轮免税店的发展

爱阅读

2020 年中国免税购物发展分析

免税店，顾名思义，其售卖的商品免征某些地方或国家的税收（消费税、增值税等）和关税，但其商品必须出售给特定对象（将商品带出国外的旅行者）。免税店设立的主要目的是通过税收减免方式，吸引海内外游客消费。

国际免税行业始于 1947 年，随着国际旅游业的发展而兴起，免税行业已经形成了一个独特的旅游消费市场。瑞典研究机构 Generation Research 发布的数据显示，2018 年全球免税及旅游零售销售规模为 789.6 亿美元，2019 年全球免税及旅游零售销售规模初步为 818 亿美元。亚太地区成为推动全球免税业市场增长的主要力量。2018 年，亚太地区免税及旅游零售销售额同比增长 23.3%，远高于全球增速（12.9%）。

中国近年来免税业销售额增长明显。2019 年，中国免税行业销售额为 545 亿美元左右，同比增长 38%。

韩国免税协会数据显示，2019 年韩国免税业销售额达到 213.2 亿美元。同韩国相比，中国免税业销售额约为韩国免税市场规模的 1/3。

2019 年，韩国入境旅游人数约为 1 750 万人次，中国入境旅游人数则达到 1.45 亿人次，约为韩国入境旅游人数的 8 倍，但是中国免税行业销售额远远低于韩国，未来中国免税行业市场仍有较大开拓空间。

进入 2020 年，受新冠疫情影响，国际航班数量减少，中国入境游客数量急剧下滑，对中国免税行业造成了巨大冲击。

海南省三亚市为国内重要免税区。海南省旅游统计数据显示，2020 年 1—5 月，海南省接待入境游客数量仅为 10.55 万人次，同比大幅下降 81.1%。此外，2020 年 1—5 月，江苏省入境游客下降了 79.7%，北京市下降了 87.6%。

受入境游客下滑影响，2020 年上半年，中国中免营收同比下降 22.02%，净利润同比下降 71.73%。

资料来源：前瞻经济学人，2020.7.24

爱讨论

税收是国家收入的重要来源，那么为什么包括我国在内的很多国家都鼓励和支持免税购物行业的发展呢？请同学们分小组进行讨论。

爱学习

知识概要

免税购物的形式虽然早在 16 世纪就有了雏形，但是现代意义上的免税店是 1947 年由爱尔兰香农机场的免税店开始发展起来的。在过去的大半个世纪里，全球免税购物发展迅速。而邮轮免税行业的发展在近 50 年里也有了长足的发展。本专题内容通过免税店的起源、历史、发展和现状带领同学们进行免税店以及邮轮免税店市场的学习。

1947 年由布兰登·奥里根博士在爱尔兰香农机场开设的免税店（图 1-1）被认为是世界上首家机场免税店，该免税店的顾客群体是欧洲和北美洲之间跨大西洋航线的航班乘客。由于当时跨大西洋航线的飞机需要在爱尔兰进行燃料补给，所以在停留的这段时间里，这些航班的乘客成了商品销售的潜在客户。在布兰登·奥里根博士以及他的团队给出的“通过护照检查后即算离开了该国，因此税收不再适用”的理论支持及爱尔兰政府的批准下，香农机场免税店得以合法经营并且取得成功。

但是实际上免税购物的历史可以追溯到更早之前——在外交使节大使馆进行购物，又或是士兵和海员在海上免税购买商品，比如早在 16 世纪，英国的海员可以在船上购买免税的烈酒。

图 1-1　1947 年的爱尔兰香农机场免税店

到了 19 世纪，客轮上的乘客可以在船上免税购买物资，也可以在他们所访问的国家购买免税的商品，而不用为他们在航程中购买的物品支付进口税。当然，这些物品主要是酒、烟草以及旅途中所需的用品。香水开始在船上出售，最初是因为在拥挤的船上航行数周，大家对清新气味的诉求。

直到 1944 年，国际航班上的乘客也开始享受在飞机上购买免税商品的权利。

1954 年，《纽约国际旅行公约》（*New York Convention on International Travel*）达成了有关免税的国际协议，机场免税店在爱尔兰香农机场的基础上又有了更广泛的推广。但是此时海关还是会对机场免税店实施严格的政策，比如顾客在机场陆侧（landside）区域（一般是护照检查点之前）进行了购物，商品必须用密封袋包装好在登机口交付给乘客。至今，在美国的机场免税销售仍然使用这种方法。

1959 年，英国海关最终允许在机场空侧（airside）区域开设免税店。最初只销售酒类，直到 1964 年，烟草、香水和其他商品也可以在护照检查点之后出售。

20 世纪 60 年代，机场免税购物得到发展，其中，查尔斯·菲尼（Charles Feeney）和罗伯特·米勒（Robert Miller）这两个美国企业家起到了重要的作用。他们共同创立了 DFS（Duty Free Shoppers）免税店品牌，并且使 DFS 成为全球最大和最有影响力的零售商之一，如图 1-2 所示。

图 1-2　DFS 免税店

DFS 最初在香港开展业务，多年来，已扩展至全球，图 1-3 就是 DFS 在葡萄牙波尔图机场的免税店。20 世纪 60 年代早期，DFS 获得了夏威夷免税销售的独家特许权，这使该公司能够精准招揽日本游客，取得了重大成功。

图 1-3　葡萄牙波尔图机场免税店

自 20 世纪 70 年代以来，民航业和机场得到大规模发展，再加上航空票价下降，民航客流量出现了令人难以置信的增长。在数百万的商务和休闲旅客中，绝大多数旅客或多或少有购物的需求，甚至有人出行就是为了购物。

现今，航站楼越建越大，非航空业务营收的空间也与日俱增。餐饮、休闲、娱乐，当然，还有不可或缺的免税店购物都是当代机场的重要组成部分。

在邮轮行业，业内普遍认为最早的当代邮轮免税店出现在邮轮度假开始流行的 20 世纪 70 年代。随着新型的邮轮公司推出了更加庞大的船只，邮轮免税店也有了更充裕的运营空间。邮轮免税除了给顾客带来种类丰富、价格优惠的商品外，考究的店面布局和陈设、热情细致的服务和新颖优质的活动，也给消费者带来了难忘的邮轮免税店购物体验。

国际豪华邮轮的免税店，不仅会请产品专家给顾客进行精彩的产品讲解和演示，还会根据不同航程的目的地、顾客群体以及邮轮本身的特色，为顾客提供极具特色且具有针对性的商品。

由于邮轮免税店也面临着邮轮停靠港的陆地免税店的强势竞争，所以邮轮免税店在免税的基础之上，还会有额外的商品折扣和其他促销活动，使产品更有竞争力，如图 1-4 所示。当然，产品的质量也是同样有保障的，即使在顾客下船以后产品出现了质量问题，也会有陆地上对应的服务点进行售后服务和问题处理。

图 1-4　嘉年华邮轮上烟酒柜台促销活动

爱实践

学习了免税购物行业的由来和邮轮免税店的发展历程，大家对免税购物行业的发展历史有了详细了解。请制作一个时间轴来展示免税购物行业和邮轮免税店行业的发展历程。

专题1.2　免税购物的形式

爱阅读

退税攻略——为你带来澳大利亚退税指南！

什么是 TRS?

在澳大利亚购物，大部分的商品都要缴纳大约 10% 的商品和服务税（GST）或者 14.5% 的葡萄酒税（WET），而 TRS（tourist refund scheme）就是在澳大利亚购物的人享有的福利！

满足什么条件才可以退税?

- 商品购买日期必须在离境前 60 天，以商家开出的税务发票为准；
- 在同一商家一次或多次购物，对应的有效发票金额（含 GST/WET）累计为 300 澳元或以上；
- 商品在购买时缴纳过 GST/WET，不需交税的商品无法办理退税。

退税流程是怎样的?

各大机场的退税柜台均为 24 小时开放，乘客可以在离境当天提前抵达办理。

根据购买商品的尺寸、液体容量是否符合机场安检的要求，退税流程大致分为两种：

- 可随身携带上飞机的，通过安检后在候机大厅的退税柜台办理；
- 超大尺寸、必须托运的商品，如超过 100 mL 的液体（鱼油、化妆品、蜂胶、酒等），乘客需抵达机场后首先前往退税服务柜台（在入海关之前），经澳大利亚海关工作人员检查，并在相关有效税务发票原件上盖章后，才能办理登机及托运手续。安检后，凭盖章前往候机大厅的退税柜台办理退税。

到达 TRS 柜台时，需要向工作人员出示：

- 本人护照；
- 登机牌；
- 相关有效税务发票原件及商品，或已盖章的发票原件。

可以直接退现金吗?

目前申请退税后退款选择有以下三种：

- 信用卡 / 借记卡（American Express、Diners、JCB、MasterCard、Visa、银联信用卡）
- 澳大利亚银行账户；
- 支票（可以使用不同货币支付）。

资料来源：澳大利亚旅游局，2022.6.24

爱讨论

结合你自己或者亲友在国内外购物的经验，和同学们分小组讨论有哪些购物形式是可以免去全部或者部分相关税款的?

爱学习

知识概要

免税购物的形式有免税购物和退税购物两种。这两种购物形式不仅仅有免税形式的区别，购物地点、所免除的税种以及针对的人群也不完全一样。本专题内容详细介绍这两种购物形式所涉及的税种、税率和操作方式，让同学们更全面地了解这两种购物形式。

免税购物为顾客提供商品相关税收减免的两种主要形式是免税购物（duty free）和退税购物（tax free）。由于这两种购物形式所免去的税种不同，所以操作形式和免除金额也不一样。下面是关于这两种购物形式的详细介绍。

1.2.1 免税购物

免税购物免除的是商品的进口关税，税率一般在 20%~100%。我们在免税店看到的商品的价格已经是不含税的价格。

购物时提供护照和有效的出境机票证明就可以在免税店直接享受进口关税的免除优惠。

在进行免税购物结账后，店员会把商品用透明袋子封好，客人在到达目的地之前是不可以打开密封的袋子使用产品的，否则可能面临补交税款的风险。

每个国家征收的关税是不一样的。美国、欧洲联盟对奢侈品按照一般货物征收关税；日本按照商品类别征收，如香水 5.3%、化妆 5.8%、皮包 12.5% ~ 20%、服装 16.8% ~ 20%、鞋类 60%；韩国对手表、箱包等征收 8% 的关税，对服装征收 8% ~ 13% 的关税；新加坡仅对烈性啤酒、药酒、蒸酒按照每升酒精含量 70 新元征收关税；英国、中国香港等地没有奢侈品关税。

以中国为例，中国的进出口税则设有最惠国税率、协定税率、特惠税率、普通税率、关税配额税率等。进出口税则规定：折叠伞普通税率 130%，烟草制的雪茄烟普通税率 180%，葡萄汽酒普通税率 180%。所以在免税店购买烟、酒、香水这类高关税商品对消费者来说是非常实惠划算的。

1.2.2　退税购物

在可退税购物的店里面进行退税购物（图 1-5），退的是增值税和消费税。虽然在不同的国家和区域这部分的税率不尽相同，但是总体来说这部分税率一般不算高，大致为 5%~20%。

图 1-5　退税购物商店标识

在可退税购物的商店里的商品标价是含税费的，客人通常需要按照含税价格购买后，再按照流程退税才可以享受增值税和消费税的减免优惠。也有部分国家的退税商店可以让顾客按照退税后的价格进行支付，但是需要用信用卡担保，如果顾客在规定期限内没有完成退税手续，则会从顾客的信用卡账户上扣除原本享受的退税金额。

只有境外游客才能在退税商店享受退税政策。因为境外游客给到访国带来了经济利益，但是并没有享受到到访国税收提供的福利，所以这部分税是可以退的。

爱实践

学习了免税购物和退税购物这两种购物形式，大家对相应的政策和规定有了初步了解。请同学们查阅相关资料，为即将去法国旅游的小明同学制作一份购物小贴士，看看如何帮助小明最划算地买到他想买的箱包、美酒和手表。

专题1.3　免税购物的渠道

爱阅读

国庆假期海南离岛免税揽金 14.7 亿元人民币

国庆假期免税品销售成绩单

- 免税购物金额 14.7 亿元人民币，同比增长 66.9%；
- 购物件数 200 万件，同比增长 136%；
- 购物人数 18 万人次，同比增长 61.6%。

国庆假期，海南离岛免税市场人气旺、销售火。海口海关发布的国庆黄金周海南离岛免税相关数据表明，10 月 1 日至 7 日，海口海关共监管离岛免税购物金额 14.7 亿元人民币，购物件数 200 万件，购物人数 18 万人次，同比分别增长 66.9%、136% 和 61.6%。

国庆假期，海南省已开业的 9 家离岛免税店，在保证疫情防控常态化的前提下，组织开展丰富的线上线下精彩活动，为消费者送上优惠福利。9 家离岛免税店通过“码上办事”消费一码通，为离岛旅客发放免税代金券，其中中免集团 5 店发放 888 元免税代金券，海控全球精品免税城推出 150 元套券，深免海口观澜湖免税城推出无门槛 150 元套券，为消费者带来更好的免税购物体验。

据统计，国庆假期前三天，中免集团海南 5 店销售节节高，客流量持续增长。三亚国际免税城销售额同比增长 52%，海口日月广场免税店销售额同比增长 153%，海口美兰机场免税店销售额同比增长 41%。

国庆假期，海口海关全力保障离岛免税购物，做好免税品监管工作。为确保节日购物高峰期免税店货源充足，海关加快免税品流转速度，做好办理商品登记备案、入出库审核等业务，保证免税品第一时间上架销售。同时，海关对进口免税品质量安全进行严格监管，落实监督抽检要求，对不合格免税品进行处理，从源头切断不合格免税品流通途径，全力保障离岛免税购物需求。

资料来源：海口网，2021.10.9

爱讨论

我们在机场、邮轮、码头，甚至市内都能看到各式各样的免税店。请同学们讨论一下，这些不同的免税店总体上可以被分为哪几种不同的渠道呢？它们都有哪些不同之处？

爱学习

知识概要

我们在国际机场、海南和上海等地的市区都能看到免税店，这几种地点的免税店不仅仅是所在地点不同，它们所属的免税店渠道也分别隶属于口岸免税、离岛免税和市内免税，所以在经营和管理政策上也是不一样的。本专题内容详细介绍这三种免税店渠道的政策、经营方式和优劣势。

中国免税业务主要分为口岸免税、离岛免税和市内免税三种渠道。这三种免税渠道在经营地点、经营政策和发展程度上都有所差异。下面是关于这三种免税购物渠道的详细介绍。

1.3.1　口岸免税

口岸免税店包括机场免税店、陆路口岸免税店和水路口岸免税店。我们接触最多的就是机场免税店（图 1-6），无论是从国内的机场出境，还是在国外的机场回国、转机或者去其他国家，都有机会在机场免税店购物。

图 1-6　机场免税店

在我国，水路口岸免税店主要是在深圳通往香港的罗湖口岸免税店（图 1-7）。而陆路口岸免税店的代表则是我国毗邻朝鲜的辽宁丹东免税店。

图 1-7　深圳罗湖口岸免税店

为了促进口岸出境免税店的健康发展，我国政府颁发了《口岸出境免税店管理暂行办法》。其中，以下条款需要详细了解。

第三条　本办法所称口岸出境免税店，是指设立在对外开放的机场、港口、车站和陆路出境口岸，向出境旅客销售免税商品的商店。

第四条　本办法所称免税商品，是指免征关税、进口环节税的进口商品和实行退（免）税（增值税、消费税）进入口岸出境免税店销售的国产商品。

第五条　免税商品的销售对象，为已办妥出境手续，即将登机、上船、乘车前往境外及出境交通工具上的旅客。

第六条　国家对口岸出境免税店实行特许经营。国家统筹安排口岸出境免税店的布局和建设。口岸出境免税店的布局选址应根据出入境旅客流量，结合区域布局因素，满足节约资源、保护环境、有序竞争、避免浪费、便于监管的要求。

第七条　设立口岸出境免税店的数量、口岸，由口岸所属的地方政府或中国民用航空局提出申请，财政部会同商务部、文化和旅游部、海关总署、税务总局审批。

第八条　免税商品的经营范围，严格限于海关核定的种类和品种。

1.3.2　离岛免税

离岛免税政策是指对乘飞机、火车、轮船离岛（不包括离境）旅客实行限值、限量、限品种免进口税购物，在实施离岛免税政策的免税商店内或经批准的网上销售窗口付款，在机场、火车站、港口码头指定区域提货离岛的税收优惠政策。离岛免税政策免税税种为关税、进口环节增值税和消费税。

离岛免税发展最成熟的国家和地区为韩国济州岛、日本冲绳岛和中国台湾岛。这些国家和地区根据当地实际情况，纷纷调整政策，将免税购物政策拓展到本土居民，鼓励本地居民消费免税品。1972 年，日本实施冲绳岛“离岛退税”政策，岛内外游客每次消费 20 万日元以内（除香烟和本国商品）可享受免关税的优惠待遇，且没有免税购物次数限定。2002 年，韩国实施济州岛“离岛退税”政策，境内外游客只要年满 19 岁均可享受免税购物待遇。图 1-8 所示为韩国济州岛新罗免税店。

2011 年 4 月起，海南省离岛免税试点运行，成为继日本冲绳岛，韩国济州岛、中国马祖岛和金门岛之后，第四个实施该政策的区域，如图 1-9 所示。

图 1-8　韩国济州岛新罗免税店

图 1-9　海南离岛免税提货点

离岛免税政策核心在于将免税购物的适用对象由离境旅客调整为包括本国公民在内的离岛旅客，适用对象范围更广、税收优惠力度更大。

经过 2020 年 7 月政策调整后，目前离岛免税商品品种达 45 种，包含化妆品、箱包、手表、平板电脑、手机、电子游戏机和酒类等 7 大类商品。

年满 16 周岁，已购买离岛机票、火车票、船票，并持有效身份证件（国内旅客持居民身份证，港澳台旅客持旅行证件，国外旅客持护照），离开海南本岛但不离境的国内外旅客，包括海南省居民都是离岛免税政策的适用人群。

离岛旅客可在任意离岛免税店购买免税品，也可在经批准的网上销售窗口购买免税品。离岛旅客购买免税品时应当主动提供本人有效身份证件或旅行证件，以及海关规定的所搭乘离岛运输工具等相关信息。目前采用线上方式购买的消费者，购物人、支付人应当为同一人。

目前海南全岛开设有 9 家离岛免税商店。除中免集团运营的海口美兰机场免税店、海口日月广场免税店、琼海博鳌免税店、三亚国际免税城（图 1-10）、三亚凤凰机场免税店等 5 家离岛免税商店以外，还分别在三亚引入了海旅免税城、中服三亚国际免税购物公园，在海口引入了海控全球精品（海口）免税城、深圳免税海口观澜湖免税城等 4 家离岛免税商店，通过开展适度市场竞争，带给离岛旅客更加优质、优惠的购物体验。

图 1-10 三亚国际免税城

离岛旅客在 7 家市内离岛免税商店或在网上销售窗口购买了免税品，可选择到提货点办理所购免税品提取手续，或选择邮寄送达方式提货。选择邮寄送达方式提货的，收件人、支付人和购买人应为购物旅客本人，且收件地址在海南省外。离岛免税商店在确认购物旅客符合上述要求并已实际离岛后，一次性邮寄旅客所购免税品。

此外，岛内居民离岛前购买免税商品，还可选择返岛提取方式，即岛内居民在离岛前购买免税商品后已返回岛内的，可于购买之日起 3 个月内，持本人有效身份证件和离岛行程信息，在离岛免税商店设立的返岛旅客提货点提取免税品。

离岛旅客在 2 家隔离区离岛免税商店（海口美兰机场免税店、三亚凤凰机场免税店）购买免税品的，购买后即可提取所购免税品，也可选择邮寄送达方式。

离岛旅客每年每人的免税购物额度为 10 万元人民币，不限购买次数（旅客购买免税品后，搭乘运输工具携运免税品离岛记为 1 次免税购物）。部分商品每次购买的数量有限制，例如每人每次限购 4 部手机、酒类合计不超过 1 500 mL、化妆品 30 件等，超出年度免税购物额度、限量的部分，照章征收进境物品进口税。

1.3.3 市内免税

市内免税店是指由国务院主管部门批准，经海关总署备案，在境内向有关符合海关免税验放规定的旅客提供免税物品的商店。图 1-11 所示为北京中免市内免税店。国际通行意义上的市内免税店是指市内购物，在出境口岸提货的免税店。根据中国海关规定，持外国护照、港澳居民来往内地通行证、台湾居民来往大陆通行证的，可购买免税品。

和普通市内商店相比较，市内免税店的优势是其店内商品免除了关税、增值税、消费税，具有价格上的竞争力。而相比离岛免税和口岸免税，市内免税店拥有交通便捷、周围配套齐全、位置优越的亮点。

图 1-11　北京中免市内免税店

2020 年 3 月，国家发展和改革委员会、商务部等 23 个部门联合发文提出，完善市内免税店政策，建设一批中国特色市内免税店，适时研究调整免税限额和免税品种类等。目前中国市内免税领域的发展在国家政策的推动下有了明显的进步，北京、上海等拥有庞大出入境客流的城市开始出现了市内免税店。但是这与免税购物高度发达的国家（如韩国）相比，还是有较大的差距。仅仅在韩国首尔一座城市，就有 12 家市内免税店。所以，我国市内免税店的发展空间和潜力仍然很大。

爱实践

在本专题内容中，大家学习了目前国内免税购物的三种渠道：口岸免税、离岛免税和市内免税。请同学们以小组为单位，制作思维导图，综合归纳和比较以上三种免税购物渠道各自的优势和不足。

专题1.4　全球知名的免税零售企业

爱阅读

为什么说三亚改变了世界免税零售格局?

某地方热销国际知名品牌商品，其门前从早到晚都在排队，高峰时期仅是进门就要排队 2 小时左右——这情景出现的地方不是巴黎或米兰，而是三亚免税店。

中国消费者热衷于在三亚购买国际知名品牌的同时，也改变了免税零售业的大公司排名。今年上半年，中国免税品（集团）有限责任公司（以下简称中免）成为全球销售额第一的免税零售公司。过去六年连续排名第一的瑞士公司杜福睿降至第二。而从 2019 年全年的业绩来看，中免在免税零售集团中仅排名第四，排在杜福睿、韩国的乐天和新罗之后。

中免成为世界第一归功于海南旅游的火爆

中免来得巧也来得好，今年 5 月它收购了海南省免税品（以下简称海免）有限公司 51% 的股权，将海免的业绩并入财务报表。

今年上半年，海免营收达到 30.3 亿元人民币（下同），涨幅达 136.35%。海免运营着海口美兰机场免税店、海口日月广场免税店和琼海博鳌免税店。中免一直经营的三亚海棠湾免税城收入同比增长 12.16%。与之对比的是，上海和北京的机场免税店上半年收入分别下滑了 11.20%、57.61%。

海南免税额度和产品在 7 月进一步放开了：每人每年的免税购物额度已经从 3 万元提升到 10 万元。离岛免税商品从 38 种增加到 45 种，手机等电子产品也能免税了。单件商品 8 000 元的免税限额规定也被取消。化妆品也从每次每人离岛购买 12 件，提高到了 30 件。

7月海南免税市场的放开已经初见成效：据海口海关统计，在截至8月31日的两个月内，海南全岛离岛免税销售收入达到55.8亿元，同比增长222%。

海南对于免税零售市场越来越重要。摩根士丹利预计，到2025年海南会占据中国境内免税市场的一半份额（2019年海南贡献24%占比左右）。而在新冠肺炎疫情前它对这一比例的估测是33%。可以说，内循环和海南的离岛政策利好让海南零售市场在整体免税零售中更加重要了。

海南离岛旅客免税购物从2011年就开始试点了，三亚海棠湾免税城在2014年已经开业。但是离岛免税的限额一直收得比较紧，直到2016年之后才迅速放开。

即便限额提高到了3万元，但到2018年，海南免税客单价仍为3 500元左右。这说明消费潜力远没有放开。因为当时还有化妆品件数和单件大额的限制。

今年8月，它的客单价已达6 900元。单价8 000元以上的奢侈品（产品大多是皮具、珠宝、腕表或成衣等产品）销量同比增长4倍以上。消费者终于可以在海南放心大胆扫“硬奢侈品”的货了。

海南是世界上第四个离岛免税区。日本冲绳为了发展第三产业，于1998年成为第一个执行离岛免税政策的岛屿。在它之后韩国济州岛及中国的金门岛、澎湖岛等地都成为离岛免税地区。

济州岛和冲绳的政策对海外游客的免税额度更大。但和它们不同的是，海南“一视同仁”，海外游客、海南本地居民和其他中国公民都有每年10万元的免税商品额度，而且需要离岛不离境。海南的离岛免税制度更多是为了让本土消费者来海南旅游。

新冠肺炎疫情下，让免税消费回流是关键

在新冠肺炎疫情造成出境旅游停摆之前，世界知名高端零售商品等中高端消费已经开始回流了。

多个原因使得中国人转回国内购买世界知名高端零售商品。世界知名高端零售商品不断在缩小国内外产品差价。2015年到2020年，中国已经5次降低日用消费品进口关税，包括服装鞋帽、家居百货、文体用品类。还有受政策的影响，比如2019年1月开始实施的《中华人民共和国电子商务法》要求个人代购也需缴税，这一政策劝退了一些消费者。

据新时代证券估算，2018年中国居民境外购买免税商品总规模达1 800亿元，在韩日和欧美就有1 570亿元左右的免税消费。境外免税消费是国内免税市场（395亿元）的4.55倍。

疫情让消费者无法出境旅游和购物，而消费者在海南不用“畏手畏脚”了，这都在进一步加速世界知名高端零售商品消费的回流。新时代证券测算从国人出境游热门目的地（日韩欧美地区）回流的消费规模超过 700 亿元（每年），若叠加 6% 的自然增长率，有望超过 1 000 亿元。

海南省商务厅厅长陈希 8 月 19 日表示，今年将争取在三亚市新设 3 家免税店，包括凤凰机场店和 2 家市内店。如果这 3 家免税店如期开业，大概能继续为免税消费回流添把火。

三亚免税城（图 1–12）是全球规模最大的单体免税店。下一个值得期待的可能是市内免税店。过去，严格意义上的“市内免税店”针对海外游客：开在市区能让他们在赴机场出境前选购商品的时间更充裕。市内免税店一般面积比机场店更大，产品选择也更多。

图 1-12　三亚免税城外观

不过，未来市内免税店可能更多地面向本国居民。

7 月，王府井获得免税牌照，可能将在北京市内开设免税店。此前，中免和中国出国人员服务总公司都在北京等地开过市内免税店，但由于消费的限制比较多（需要 180 天内出境过，限额只有 5 000 元）、免税产品选择较少，使得市内免税店仅仅占中国免税市场不到 1% 的份额。

但是，中国的市内免税店还有很大的发展空间。值得参考的是，韩国免税业八成收入来自市内免税店，日本游客、韩国本土国民和中国游客是其免税业在不同时间阶段的“金主”。

不过，新冠肺炎疫情下消失的国际游客让韩国免税品停止了流动。韩国免税店把一些产品通过跨境贸易卖到中国。今年 3 月和 4 月，韩国新罗爱宝客免税店两次和考拉海购合作——直播卖货。

除此之外，韩国也在促进“内循环”。韩国关税厅允许在 10 月 29 日以前对内销售积压半年以上的免税品。自政策4月放开后，韩国自7月起对内销售了三批免税商品。这和中国的政策有一些类似，在旅游业停滞的情况下，和出境旅游相伴而生的免税零售只能换个“活法”，卖给本国国民是零售商值得尝试的事。

资料来源：海口网，2021.10.9

爱讨论

同学们平时一定在机场、境外和口岸等地方见过一些免税店。请回忆一下你见过哪些免税店公司，关于这些公司你都了解它们哪些信息呢？大家通过制作表格对比各家公司的情况，讨论出你觉得最有发展潜力的免税店公司。

爱学习

知识概要

本专题对挑选的十家具有代表性的免税和旅游零售企业的企业概况、发展历程、核心店铺和经营方式进行介绍，让同学们了解世界免税和旅游零售行业的格局。

免税和旅游零售是一个全球性的行业，主要针对的群体是国际旅行者。该行业的大部分收入来自机场、口岸商店、国际水域的邮轮和渡轮以及国际航班。在一些地区，如非欧盟国家的欧洲国家、大洋洲、中东和拉丁美洲，旅客可以在抵达后购买免税商品。这一业务已成为机场的重要收入来源。此外，免税和旅游零售为旅游、航空和海事行业带来了可观的收入。

发达国家非常重视发展知名高端零售商品的免税业务，韩、美、英、德、法以及阿联酋等六国占全球免税市场35%的份额。目前，全球有超过2 000家免税运营商、经营约1.2万个品牌、超过25万种商品，免税店遍及世界各国的主要机场、港口、边境口岸和市内免税店等。

图1-13所示为2019年全球营收前22位的免税店企业的营业收入排名（数字后面的单位是百万美金）。它们分别是杜福睿（Dufry）、乐天免税（Lotte Duty Free）、中免集团（China Duty Free Group）、法国拉格代尔旅行零售（Lagardère Travel Retail）、环球免税集团（Duty Free Shoppers Group）、德国海尼曼（Gebr.Heinemann）和斯达伯德邮轮服务有限公司（Starboard Cruise Services）等。另外，在邮轮免税领域的三家企业哈丁零售（Harding Retail）、地中海邮轮自营免税店和公主邮轮自营免税店虽然未在此榜单上，但是由于其在邮轮零售领域名列前茅的地位，后面也会详细介绍。

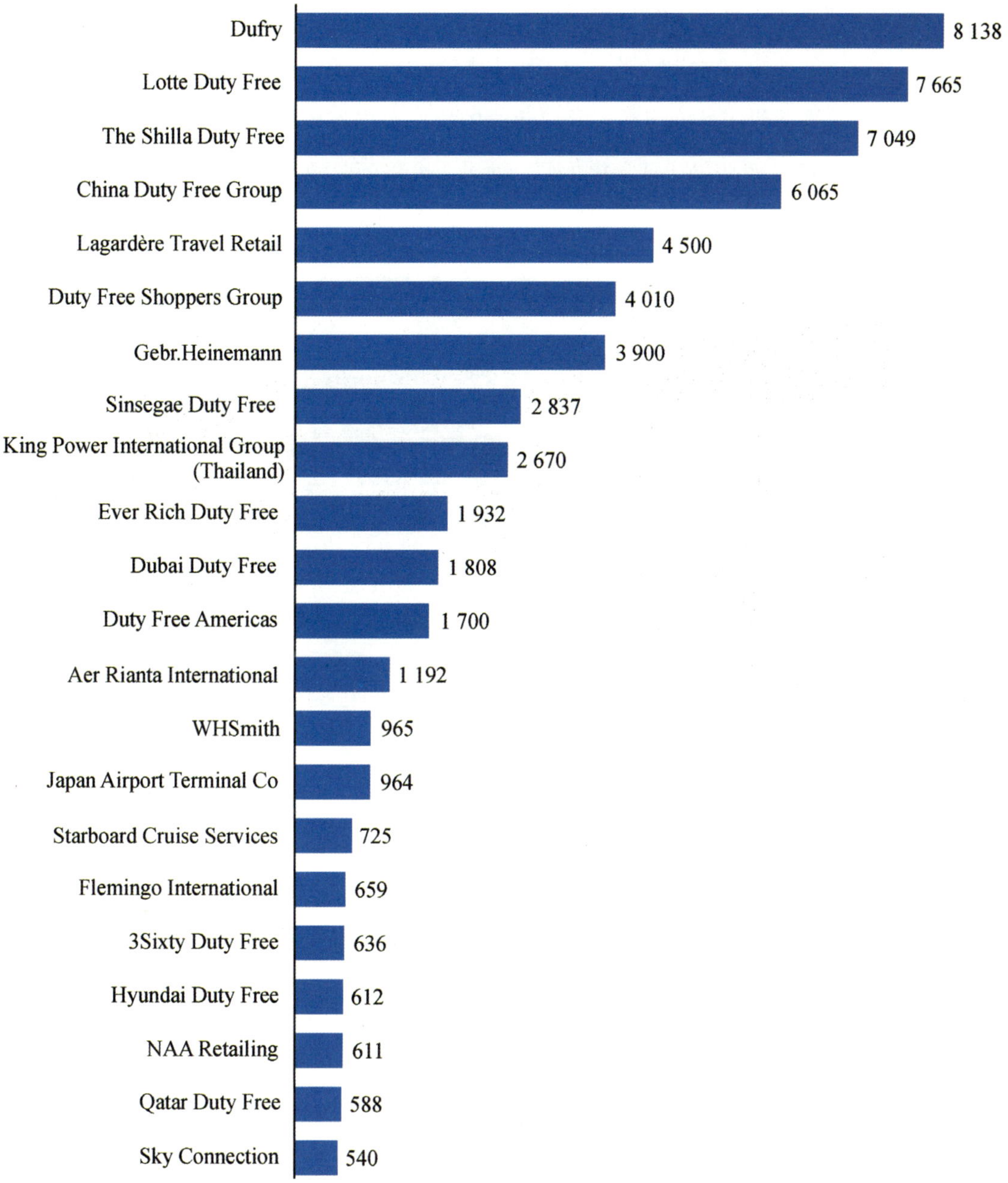

图 1-13　2019 年全球营收前 22 位的免税店企业的营业收入排名

1.4.1　杜福睿（Dufry）

1.Dufry 简介

Dufry 成立于 1865 年，是一家总部位于瑞士巴塞尔的全球旅游零售商，在 60 多个国家和400个地点开展业务。Dufry在机场、邮轮、海港和其他旅游景点有大约2 200家商店。

Dufry为全球旅客提供世界级的一站式免税购物服务。公司致力为顾客提供来自超过1 000家供应商的最新奢侈品牌产品，并以超值的价格提供方便快捷的服务。Dufry提供优质的本地和全球品牌，产品包括日常化妆品、糖果、高档葡萄酒、本地食品、香水、稀有威士忌和最符合潮流的高端时装等。图1-14所示为瑞士苏黎世克洛滕机场免税店。

图1-14　苏黎世克洛滕机场免税店

Dufry全球雇佣近3.2万名员工，确保店内和售后客户服务团队可以为顾客提供非凡的购物体验。

2.Dufry发展历史

Dufry于1865年成立于瑞士的巴塞尔。到了1948年，公司开始以批发商的身份涉足免税销售业务。在随后的几年里，Dufry开展了免税零售业务，其中标志性的事件是，1952年在巴黎勒布尔热（Le Bourget）开设了欧洲大陆第一家免税商店。

Dufry的战略开始集中于旅游零售方向，是得益于2004年由Advent国际公司牵头的财团收购了Dufry 75%的已发行股本。同年，同时剥离批发和非战略业务。次年，Dufry成为一家上市公司，其股票在瑞士第六交易所上市。由Advent国际公司领导的财团从前股东手中收购剩余25%的股份。

到了2006年12月，Dufry South America Ltd.（DSA）首次公开募股，并且在巴西和卢森堡证券交易所进行股票交易。同年，公司还收购了巴西旅游零售商Brasif及其物流平台Eurotrade。

这一系列动作只是 Dufry 在旅游零售行业大规模并购的开始。在随后的 2007 年，公司在加勒比海地区进行扩张，收购了总部位于波多黎各的一家主要的旅游零售运营商和加勒比海地区的其他 23 家商店。到了 2008 年，Dufry 把并购的目标放到了北美市场，收购了在美国和加拿大的 69 个机场及运输终端，拥有 550 家商店的美国旅游零售商 Hudson Group。Dufry 在美洲地区的收购风暴依然没有结束。在 2011 年，Dufry 剑指南美洲，收购阿根廷、乌拉圭、厄瓜多尔、马提尼克岛和亚美尼亚境内的零售公司，涉及分布在 10 个机场的 21 家免税店。

而到了 2012 年，Dufry 的并购方向转到了欧洲，在那一年公司与俄罗斯 RegStaer 集团成立合资企业，并且吸纳了其中 51% 的股权。同年，Dufry 又收购了希腊 Folli Follie 集团 51% 的旅游零售业务。Dufry 的欧洲收购并未就此告一段落。在 2014 年，Dufry 又对瑞士的机场零售公司 The Nuance Group 进行了收购；次年，Dufry 收购了来自意大利的机场免税店公司 World Duty Free Group，并确立了在国际机场零售行业老大的地位。

在 2016 年，Dufry 与大量合作公司续签了特许经营合同，巩固了其在旅游零售行业头把交椅的地位。同年，公司也被纳入瑞士领袖指数编制的 30 家最大的瑞士公司，并在瑞士第六交易所上市。

到了 2019 年，Dufry 通过合并南欧、中欧、英国和非洲的业务部门，整合了其在欧洲和非洲的业务，并且更加强调公司对顾客的关注和有机增长。这意味着 Dufry 在过去 15 年依赖兼并的增长战略已经告一段落，而现在公司的主要发展思路是通过提高服务质量、销量以及拓展顾客群体来增加市场份额。

3.Dufry 邮轮免税店运营

Dufry 作为在全球旅游零售的领头羊，在巩固其陆地免税店的领先地位的同时，也正在扩大其在邮轮零售的业务。Dufry 与荷美邮轮、诺唯真邮轮和嘉年华邮轮公司新签署了一系列合同，将其在邮轮船只的运营数量从 17 艘增加到 27 艘。

根据新合同，Dufry 将在 8 艘荷美邮轮的船上经营免税商店，并将在诺唯真邮轮公司“极乐号”上开设免税商店。Dufry 还与嘉年华邮轮公司签署了一份额外协议，在嘉年华“灵感号”上经营免税商店。这份新合同扩大了 Dufry 与嘉年华邮轮公司的合作关系。Dufry 于 2017 年 5 月开始在嘉年华“佳名号”和“英勇号”上运营。

通过这些新合同，Dufry 将增加近 2 800 平方米的零售空间，这代表着一次重要的扩张，并进一步支持邮轮免税购物渠道的增长和发展。这一成就巩固了 Dufry 作为邮轮免税购物渠道中最具活力和最强的参与者之一的地位，Dufry 也因此拥有了潜在的增长机会。

1.4.2 乐天免税（Lotte Duty Free）

1. 乐天免税店简介

乐天免税店是韩国第一家综合免税店，于 1980 年在明洞开设首家店面。从那以后，乐天免税店在乐天世界大厦、釜山和仁川机场开设了分店，并在全国共经营 8 家门店。图 1-15 为韩国釜山金海国际机场的乐天免税店。

乐天免税店在免税业和旅游零售业中率先引入类似百货商店一样的精品零售，并成功吸引了世界三大奢侈品牌。自 2004 年以来，乐天免税店通过韩流（K-wave）营销成功吸引了外地游客和本地消费者进行消费，为韩国旅游业的发展做出了巨大贡献。

图 1-15 韩国釜山金海国际机场的乐天免税店

乐天免税店于 2012 年在印度尼西亚首都雅加达开设了机场免税店，开始了全球扩张。目前在关岛、日本、越南等地设有分公司。乐天免税店是第一家也是唯一一家扩张到大洋洲的韩国免税店，自 2019 年 1 月以来，乐天免税店已在澳大利亚运营 4 家门店，在新西兰运营 1 家门店。此外，乐天免税店是业内首家开设网上商店的免税店，包括有五种语言（韩语、汉语、日语、英语和越南语）可供选择。

乐天免税店目前在 7 个国家（包括韩国）经营着 20 家门店。乐天免税店作为韩国第一、世界第二的免税店企业，其目标是通过扩大业务和强化核心产业，成为全球旅游零售免税店的第一名。

2. 乐天免税店总店特色

乐天免税店总店位于首尔的中心位置，临近南大门市场、景福宫、南山和梨泰院等观光名胜（图 1-16），在这里可以一次满足购物的需要。韩国特产贩卖部和 9~12 楼的名牌专柜，为顾客提供便利舒适的购物空间。饭店和百货公司结合的定点购物空间，使顾客可以充分享受购物的乐趣。

3. 乐天免税店发展历程

乐天免税店的发展历程也体现了韩国免税店产业的发展历史。

作为韩国的第一家综合免税店，1980 年乐天免税店从首尔明洞总店起步，之后相继开设了乐天世界大厦店、釜山店、仁川机场店等，在韩国共经营有 8 家实体店。

图 1-16　乐天免税店总店

乐天免税店是在免税店行业，最早引进百货商店式卖场区域划分的精品风格的企业，也是在全球免税店中，最早成功吸引三大国际奢侈品品牌的企业。

在随后的 20 年里，韩国免税店行业见证了乐天免税店的扩张历史：1989 年乐天世界免税店开业；1991 年乐天酒店大堂店开业；1995 年乐天釜山免税店开业；1999 年乐天金浦机场免税店（第一、二候机楼）开业；2000 年和 2001 年乐天济州和仁川机场免税店相继开业。

乐天免税店也是最早在网上营业的免税店之一。早在 2000 年，乐天免税店就开始经营网上免税店。

乐天免税店自 21 世纪以来加大了国际市场的开拓。自 2004 年起，通过推出韩流明星代言人等营销手段，在吸引外籍游客和创汇方面取得显著成果，为韩国旅游产业的发展做出了巨大贡献。

在海外市场的扩张上，乐天免税店在 2012 年开设了印度尼西亚雅加达加诺 - 哈达（Soekarno-Hatta）机场免税店。在随后的几年里，又在美国关岛、日本、越南芽庄机场和岘港机场等地相继开店。

乐天免税店在澳洲市场的扩张始于2019年，在那一年里，乐天澳大利亚布里斯班机场店、墨尔本市内店、达尔文机场店、堪培拉机场店，新西兰威灵顿机场店相继开业，使乐天免税店成为在澳洲市场最有影响力的旅游零售品牌之一。

1.4.3 中免集团（China Duty Free Group,CDF）

1. 中免集团简介

伴随着中国的改革开放和旅游业的腾飞，经国务院批准，中国免税品（集团）有限责任公司于 1984 年正式成立，成为唯一经国务院授权、在全国范围内开展免税业务的国有专营公司，按照国家赋予的“四统一”管理政策（统一经营、统一进货、统一制定零售价格、统一制定管理规定），对全国免税行业实施统一管理。

中免集团自成立以来，始终秉承企业使命——“分享购物的快乐、延伸旅游的享受”，从未停止进取的脚步。发展近 40 年，在全国大部分省、市、自治区及港澳台地区，设立了涵盖机场、机上、边境、外轮供应、客运站、火车站、外交人员、市内和邮轮 9 大类型的 200 多家免税店，成为免税店类型最全、单一国家零售网点最多的免税运营商，并跻身世界免税运营商 20 强，不断引领着中国免税全行业的创新与发展。

近年来，中免集团快速发展，速度远超中国旅游业和世界免税业。中免集团过去 5 年业绩平均增幅为 18.7%，超过世界免税业的平均增速。

未来，面对快速变化的市场环境带来的挑战，中免集团将抓住机遇，深挖国人消费潜力。中免集团将进一步深入政策研究，协助政府相关部门完善惠及行业发展的重要政策，扩大免税业务创新上升空间；做好三亚店、海棠湾等大型免税平台运营及建设，做好未来新型市内店和大型免税商业综合体的研究与规划，带动传统免税行业转型升级，打造具有国际一流水准的大型免税集团的运营能力，提升行业话语权和影响力；参与国际免税市场竞争，将在港澳台等地区试点开展免税业务，积极参与竞争大型机场和口岸的免税业务，加快境外市场开拓的步伐；此外中免集团将牢牢树立品牌意识，与行业同人一起合力塑造并自觉维护具有国际影响力的“中国免税”大品牌。

2019 年 5 月，中免集团旗下青岛市内免税店、厦门市内免税店双店齐开。图 1-17 所示为中免大连市内免税店。

图 1-17　中免大连市内免税店

2. 中免集团业务范围

中免集团经营的商品范围涵盖进口烟草、酒水、香水、化妆品、服装、皮具、首饰、手表和中国特色产品等 20 多个商品品类、300 多个品牌、上万个品种。主要分为以下几个类型。

美妆：香氛、护肤品、彩妆等。

精品：服装、服饰、箱包、皮具、首饰、手表、太阳镜等数千个品种。

烟草：销售的烟草制品涵盖卷烟、雪茄、烟丝三大类，近 120 个品牌、500 多个品种，其中雪茄品种达 400 多个。

酒水：酒水囊括了风靡全球的所有品类，包括白兰地、威士忌、伏特加、金酒、力娇酒、葡萄酒、朗姆酒、龙舌兰酒等。

食品：全球最受欢迎的十大免税食品品牌都已悉数落户中免集团，此处还销售来自世界各地的优质蜂蜜、蜂胶、鱼油、钙片、维生素等 20 多个品种的高品质保健品。

国货精品：经过中免集团的不懈努力，1996 年 9 月中国国货精品正式进入国内免税渠道销售，涵盖烟草、酒水、食品、保健品、药品、丝绸、服装等八个大类逾千个品种。

3. 中免集团主要业务

（1）传统免税

从第一家控股的黑河边境免税店成立到中国重要机场口岸免税店的综合布局，一直以来，中免集团都在不断通过逐步扩张免税门类进行传统免税业务的有序扩充，业务涵盖机场、机上、边境、外轮供应、客运站、火车站、外交人员和市内八大类型。2013 年 2 月 1 日，“丽星邮轮双子星号”于三亚首航，其中 600 平方米的免税店由中免集团负责运营，标志着中国免税业第九种业务类型的正式亮相，中免集团再次巩固了免税店类型最全、单一国家零售网点最多的免税运营商的地位。

此外机场、口岸等基础设施的逐渐增加和改造升级，将直接扩大免税业的经营场所，是我国免税业进一步发展的重要保障。中免集团紧抓机场、口岸等基础设施的规划建设和改造升级，近年来，广州机场、杭州机场、厦门机场等大型免税店业绩再创历史新高。

（2）离岛免税

2011 年 4 月 20 日，财政部发布《关于开展海南离岛旅客免税购物政策试点的公告》，标志海南岛离岛免税政策正式实施。三亚免税店是中免集团倾力打造的世界一流、亚洲领先的市内免税店，代表了目前中国免税业的最高实力与运营水平。其营业面积约为 10 000 平方米，主要经营国际一流品牌在内的香水、化妆品、首饰、手表、皮具、服装、太阳镜等高端奢侈商品，及海南当地特产。作为产业链中的重要一环，中免集团将三亚免税店的自身发展根植于海南国际旅游岛战略建设之中。开业以来三亚免税店以高端的购物环境、快捷的物流配送、有力的货品保障、优质的销售服务广获赞誉，助力了三亚乃至海南省的产业发展。三亚免税店年营业收入是海口市排名前七位百货商场年营业收入的总和，不仅在一定程度上满足了国人对免税品的购买需求，还将部分高端商品消费留在了境内，拉动内需效应显著。

自 2011 年 4 月 20 日离岛免税政策实施至 2013 年 1 月底，中免集团三亚免税店已接待了近 650 万人次，日进店人数达 10 700 人以上，销售额达到 34.1 亿元。

2013 年春节黄金周，三亚免税店在 2 月 11 日（大年初二）实现单日营收 2 018 万元，大幅突破去年同期 1 290 万的销售额，创造了全新纪录，并首次突破 2 000 万元大关。不仅如此，2 月 14 日更是以 2 898 万元创造了新的销售纪录，成为春节三亚火爆旅游市场的最佳证言，成为中免集团三亚免税店里程碑式的突破。

（3）港澳台地区业务

中免集团加快实施中央企业“走出去”的战略要求，积极开拓港澳台地区业务，公司国际化、多元化发展迈出关键步伐，成功开拓金门市内免税店、台中外轮供应免税店。以大陆为依托，将免税业务拓展到了香港和台湾地区，并依托香港的区位优势和有利条件，进一步加大海外市场调研和拓展力度，努力探索以低成本、低风险方式设立新型免税店的各种可能性，逐步实现以香港为依托，全面构建中免集团亚太地区免税品零售网络。在开启国际化发展步伐的同时，促进中国旅游零售业国际竞争力的提升。

2012 年 4 月，金门县金宝来离岛免税店开业；12 月，澳门外港码头客运站免税店正式营业。2012 年，中免集团与当时世界第三大邮轮公司丽星邮轮达成了全面合作意向。2013 年 2 月 1 日，丽星邮轮“双子星号”于三亚首航，其中 600 平方米的免税店也标志着中国免税业第九种业务类型的正式亮相。目前中免已在星旅远洋“鼓浪屿号”邮轮和爱达邮轮旗下的“魔都号”“地中海号”和“大西洋号”上都开设了免税店业务。

（4）有税业务

为了实现企业的跨越式发展，中免集团确定了依托免税资源优势实施多元化发展的战略，进军旅游零售市场领域。中免集团率先成为北京奥林匹克运动会组织委员会首批奥运特许产品零售商，在全国主要口岸开设了 78 家奥运特许零售店，成为销售奥运特许商品的主力军。与此同时，中免集团大力开拓国内大中型机场和高速铁路的有税市场，自主创立了经营高端奢侈品牌俪乐廊，已在广州新白云机场、厦门高崎国际机场、深圳宝安国际机场、杭州萧山国际机场、南京禄口国际机场、长沙黄花国际机场、大连周水子国际机场、成都双流国际机场、西安咸阳国际机场等多个国内大中型机场国内候机厅取得经营面积，开设香水、化妆品、精品专卖店，取得了很好的销售业绩，并成功开创了国际厅免税和国内厅高端奢侈品的机场商业集成运营模式。

近年来，中免集团开创的机场商业集成模式已延伸至国内奢侈品和餐饮业，业务范围和规模得以迅速扩展。目前中免集团已在广州、杭州等 11 家机场开展了商业集成业务。中免集团先后中标深圳机场、杭州机场、西安机场、贵阳机场等多个省会机场国内厅的核心商业标段；并中标国内目前高铁商业运营最重要的上海虹桥高铁出发层 6 000 平方米标段，实现了中免集团旅游零售业务的新突破。

4. 中免集团的邮轮免税业务

（1）爱达邮轮“大西洋号”

爱达邮轮“大西洋号”免税店位于“大西洋号”3 层，由香水化妆品区、精品配饰区、烟草酒水区、食品特产区及专卖店组成，面积逾 400 平方米。该免税店专注于打造全方位的免税购物环境，通过正品保证和贴心服务，力求使顾客无论通往何处的旅程，都能享有同样精彩、奢华的购物体验。

（2）星旅远洋“鼓浪屿号”邮轮

“鼓浪屿号”邮轮免税店由星旅远洋邮轮与中免集团合作，店铺位于“鼓浪屿号”的第6~7层，现占地300余平方米，经二期工程扩充改造后，面积将增至650平方米。店铺拥有众多国际一流奢侈品牌，以及烟酒、皮具、箱包、服饰、太阳镜、食品等大众商品，为消费者在舒适的邮轮体验中提供方便快捷的一站式购物服务，未来也将结合“鼓浪屿号”特色航次提供限量爆款产品、展开优惠促销。图1-18所示为星旅远洋“鼓浪屿号”中免集团邮轮免税店店内区域。图1-19所示为星旅远洋“鼓浪屿号”中免集团邮轮免税店外围区域。

图1-18　星旅远洋“鼓浪屿号”中免集团邮轮免税店店内区域

图1-19　星旅远洋“鼓浪屿号”中免集团邮轮免税店外围区域

1.4.4　拉格代尔旅行零售（Lagardère Travel Retail）

1.Lagardère Travel Retail 简介

Lagardère Travel Retail 是 Lagardère 集团的两个事业部其中之一，是全球旅游零售行业的先驱。

自 1852 年在巴黎里昂车站开设第一家书店以来，Lagardère 公司积累了超过 160 年的旅游零售经验，每天都能为旅行者提供新的体验。

Lagardère 为旅游零售业主设计和提供最优的价值主张，并努力成为他们的合作伙伴。

Lagardère 在全球 39 个国家的机场、火车站和其他特许区经营超过 4 850 家门店，包括旅行必需品、免税时尚和餐饮服务，2020 年实现销售额 23 亿欧元。

2.Lagardère Travel Retail 的经营策略

Lagardère Travel Retail 拥有独特的整体策略，通过开发和执行量身定制解决方案，关注并适应旅行者的需求来优化业主的资产。Lagardère Travel Retail 致力于超越旅客和合作伙伴的期望，主要体现在：

- 提供令人难忘的购物和美食体验；
- 适应每种环境和旅行者的特定需求；
- 不断创新，实现无缝衔接的客户旅程。

1.4.5　环球免税集团（Duty Free Shoppers Group,DFS）

1.DFS 简介

DFS 是一个奢侈品旅游零售商。1960 年于香港成立，其免税店网络已包括 18 个主要国际机场及 14 个市区 T 广场店铺，同时其附属及度假村据点亦遍布全球。集团为私营企业，并由奢侈品企业集团酩悦·轩尼诗 – 路易威登（LVMH）及 DFS 创始人兼股东罗伯特·米勒（Robert Miller）持有大部分股权。截至 2012 年，已有超过 2 亿旅行者曾造访 DFS 店铺。DFS 聘用超过 9 千名员工，其总部位于中国香港，并在夏威夷、洛杉矶、上海、新加坡及东京设有分公司。

2.DFS 发展历史

1960 年，美国人查尔斯·菲尼（Charles Feeney）和罗伯特·米勒（Robert Miller）在香

港创办了 Tourists International，也就是 DFS 免税店。当时，免税购物还处于起步阶段。随着第二次世界大战后国际航空旅游业取得了极大的发展，两位企业家预见到军务人员的消费力将进一步提高，同时，来自亚洲的环球旅行者也会越来越多。

在随后的几十年里，DFS 以海外旅行风潮正热的旅客为投资客群，先后在各大机场开设店铺及市区店，让旅行者能以更悠闲的步伐享受购物乐趣，并在出发前轻松地获得所购买的商品。

1996 年，LVMH 收购了查尔斯·菲尼手上大部分的 DFS 股份，并提出一个结合旅行及奢侈品元素的全新方案。DFS 发展围绕五大核心支柱——美妆及香水、腕表及珠宝、时装及配饰、酒类及烟草和美食及礼品的采购策略，搭配一个全新的品牌口号："旅行者的奢侈精品店"。它还始创了名为"大师系列"的年度活动，以周年大典的形式展示其横跨不同品类最高级的优秀的精品。来自各个知名品牌的代表、顶级顾客、媒体和业界分析家们在这个奢华的盛会中共聚一堂。

2013 年，DFS 重塑其市区店的形象为"T 广场"，并转移对机场店实施本地化策略，通过与当地供应商合作以增加其"目的地商品"组合。它亦活跃于国际机场的界别，加强了航空业和其利益相关者以及与政府和国际组织的合作关系。

2014 年，DFS 销售额达到 37.5 亿欧元，位于全球大型免税店销售额排行的第二名。

1.4.6 海尼曼（Gebr.Heinemann）

1.Gebr.Heinemann 简介

Gebr.Heinemann 成立于 1879 年，目前全球雇员约有 8 000 名。其作为旅行零售行业的批发商和零售商在 100 多个国家经营，2019 年集团营业额为 48 亿欧元。

公司经营了来自全球约 1 000 家供应商的 1 500 多个国际品牌的 5 万多件产品，以及 2 个物流中心，每天挑选多达 70 万件销售产品。

2.Gebr.Heinemann 业务范围

Gebr.Heinemann 在机场、邮轮和边境口岸经营近 600 家自营商店。自营的机场店总销售面积约 16 万平方米，每年约有 6 000 万顾客到访。目前注册了公司会员的顾客超过 86 万。

Gebr.Heinemann 供货和直接经营的边境口岸免税店已达到 170 家，另外 Gebr.Heinemann 还给约 100 家航空公司供应零售商品。

值得一提的是，2022 年新下水的、目前船队最大船只——皇家加勒比邮轮的“海洋奇迹号”（图 1-20）上面的免税店就是由 Gebr.Heinemann 在运营。

图 1-20　皇家加勒比邮轮“海洋奇迹号”

1.4.7　斯达伯德邮轮服务有限公司（Starboard Cruise Services）

1.Starboard Cruise Services 简介

Starboard Cruise Services 成立于 1958 年，是邮轮零售行业的先驱。自 2000 年以来，Starboard Cruise Services 一直是世界最大的奢侈品集团 LVMH 的一部分。

Starboard Cruise Services 始终致力于继续成为全球首屈一指的船上零售商，为顾客提供按需求定制的世界级体验。通过与世界领先品牌合作，Starboard Cruise Services 可以为每一位邮轮合作品牌的顾客提供卓越的产品和服务。

Starboard Cruise Services 革新了邮轮购物方式，营造出将探索与惊喜融入购物体验的独特零售环境。纵横四海，环游世界，探索全新目的地的经营理念，吸引着乘坐邮轮旅行度假的游客。如今的邮轮不仅是一种交通工具，其本身也成了胜地。

Starboard Cruise Services 为顾客提供愉快而充满乐趣的购物体验，令人难以忘怀。目前 Starboard Cruise Services 在近 100 艘船上（超过 10 家邮轮公司）设立了超过 700 家零售店，销售包括独家专属在内的高端产品。从高级珠宝、手表到箱包皮具，以及各种形式的高端美容产品、烈酒、配饰或品牌度假服饰，应有尽有，琳琅满目。

心细如尘的 Starboard Cruise Service 员工竭力满足邮轮顾客的需求，这些顾客在旅行中可以尽情探索全新和经典品牌。

2022 年 9 月，Starboard Cruise Service 和嘉年华邮轮公司达成协议，将它们的长期合作关系再延长 5 年。由 Starboard Cruise Service 的母公司 LVMH 完成的这份续约合同中除包括 Starboard Cruise Service 目前合作的 9 艘嘉年华邮轮船只以外，它还宣布了 Starboard Cruise Service 成为嘉年华邮轮备受期待的嘉年华“庆典号”（图 1-21）的免税店零售合作伙伴。Starboard Cruise Service 表示，与嘉年华邮轮继续合作肯定了其对嘉年华扩大购物选择的重要贡献，以及独家海上系列、丰富的市场洞察和对零售概念的创新理念。

图 1-21　嘉年华“庆典号”（Carnival Celebration）

2.Starboard Cruise Service 的企业文化

Starboard Cruise Service 与包括皇家加勒比邮轮、精致邮轮、嘉年华邮轮、歌诗达邮轮、名胜世界邮轮、荷美邮轮和银海邮轮在内的 10 家邮轮公司合作，在全球 90 多艘邮轮上经营，是邮轮免税领域规模最大的免税店运营商。目前有 1 500 多名员工分布在各个邮轮免税店里；在佛罗里达州迈阿密的总部有 300 多名员工；在佛罗里达州多拉尔拥有一个完全独立的配送中心，拥有配送全球的物流能力。

Starboard Cruise Service 愿景：Starboard Cruise Service 被公认为世界一流的旅游和休闲零售商。

Starboard Cruise Service 使命是激发顾客沉浸在梦幻假期的回忆中。

Starboard Cruise Service 核心价值包含沟通、团队合作、前瞻思维、诚信、注重结果、创造力以及领导能力。沟通：沟通是清晰的、开放的、简洁的和有建设性的，并让他人知道。团队合作：鼓励合作，同时保持个人责任感；欣赏多角度和多样化专业知识的价值。前瞻思维：有远见，创造一个充满可能性的未来。诚信：做正确和合乎道德的事，尊重团队成员、客户和邮轮合作伙伴；诚实地管理业务，并为自身的行为承担责任。注重结果：专注并致力于取得成功；坚持到底，并对承诺负责，以实现目标。创造力：具有企业家精神，在公司的各个领域发展想法，提供创新的解决方案。领导能力：激励周围的人实现卓越。图 1-22 所示为 Starboard Cruise Service 在邮轮上的免税店。

图 1-22　Starboard Cruise Service 在邮轮上的免税店

1.4.8　哈丁零售（Harding Retail）

1.Harding Retail 历史

Harding Retail 源于近 200 年前的山姆・爱德华・哈丁。英国的布里斯托尔社区位于一个港口城市，每年都有数百艘船只在此经过，在 1930 年，随着山姆的儿子珀西・哈丁成立了哈丁兄弟（Harding Brothers）有限公司，哈丁公司的业务扩展到了航运供应。后来，珀西的儿子迈克尔接管了公司，该公司成为欧洲最重要的船舶供应商之一，家族产业得以延续。

20 世纪 80 年代末，迈克尔的儿子尼尔（山姆·哈丁的曾孙）看到了在豪华邮轮上开设商店的商机。通过一系列成功的合作（包括 1992 年与 Fred Olsen、1999 年与 P&O、2002 年与冠达邮轮、2005 年与水晶邮轮、2009 年与 Seabourn Cruises 的合作），公司的业务已经发展到世界上一些主要的邮轮公司。此前，Harding Retail 还获得了对 P&O 邮轮和冠达邮轮船队的重新招标，取得了很大的成功。

2022 年 9 月，Harding Retail 通过一项协议扩大了与嘉年华邮轮公司的关系，该协议约定，到 2023 年 3 月，这家总部位于英国的公司将在嘉年华邮轮额外 5 艘船上负责零售服务，使 Harding Retail 运营嘉年华邮轮免税店的船只总数达到 13 艘。由此 Harding Retail 将成为嘉年华邮轮公司最大的单一零售合作伙伴，在超过一半的嘉年华邮轮船只上运营店面。

Harding Retail 首席执行官詹姆斯·普雷斯科特说：“我们一直在携手努力，以恢复全面服务。我们增加合作的邮轮船只证明了嘉年华对我们的信任。”Harding Retail 自 2015 年起与嘉年华邮轮合作，与母公司嘉年华集团的合作已超过 30 年。

2.Harding Retail 简介和愿景

Harding Retail 作为主流的邮轮免税零售运营商，与嘉年华邮轮、P&O 邮轮、冠达邮轮、世邦邮轮、途易邮轮和维京邮轮等品牌的 22 家邮轮公司有着合作，在 62 艘邮轮上经营了超过 250 间免税店铺。图 1-23 所示为在邮轮上的手表店铺。

图 1-23　邮轮上的手表店铺

“我们的愿景是依靠坚实的商业业绩和伙伴关系成为全球零售和服务的领军者。通过提供相关品牌、优质服务和创新的客户体验，为客户带来世界级的购物体验，从而达到这一目标。”詹姆斯·普雷斯科特——Harding Retail 总经理说，“我们始终与邮轮合作伙伴和品牌合作伙伴之间形成三角形合作伙伴关系，创造令人愉快的购物体验。”

1.4.9　自主运营船上免税店的邮轮公司

1. 地中海邮轮免税店

与大多数邮轮公司不同，地中海邮轮的免税店并非采取外包给免税店运营商经营的方式，而是由地中海邮轮免税店部门自己运营，顾客可以在邮轮上享受最好的购物体验。

“荣耀号”（Bellissima）拥有地中海邮轮船队中最大的免税店购物区，面积超过 740 平方米（图 1-24）。“荣耀号”的地中海式长廊充满了“零售娱乐”，因为“荣耀号”是第一艘由零售团队直接与娱乐团队合作的邮轮，确保顾客以参加派对的心情来参与购物。

图 1-24　地中海“荣耀号”

其中一个例子是用 20 世纪 60 年代的主题——“Flower Glory party”举办派对，在派对上，有了合作伙伴的帮助，顾客们购物和聚会两不误，不仅可以赢得独家 T 恤，还可以购买限量版太阳镜来完成自己的造型，成为现场的焦点。

商场的氛围通过夜间零售活动得到加强，包括比赛、时装秀和幸运抽奖，在一个有趣的、互动的购物体验中，完成独家促销。

地中海邮轮的免税店由以下几种店铺组成：地中海邮轮纪念品商店（图 1-25）、珠宝和手表商店（图 1-26）、时尚精品商店、配饰商店等。除此以外，顾客们还可以在地中海邮轮的免税店内选择顶级的国际名烟、名酒、科技产品、巧克力、化妆品和旅游必需品。专业人员可以为顾客提供所需的一切帮助，让顾客做出完美的选择。

图 1-25　地中海邮轮纪念品商店

图 1-26　地中海邮轮珠宝和手表商店

2. 公主邮轮免税店

和地中海邮轮一样，公主邮轮也是为数不多的选择自行运营船上免税店的邮轮公司，尽管在 2021 年后，这一局面发生了变化。公主邮轮的免税店里拥有全球声望较高的品牌；

店员服务周到，处处为顾客考虑；产品货真价、品类丰富，让在公主邮轮免税店购物的顾客享受到堪比在全球购物的兴奋体验。图 1-27 所示为公主邮轮 2022 年新船——“奇缘公主号”。

图 1-27　公主邮轮 2022 年新船——“奇缘公主号”

在公主邮轮内的免税店里，顾客会享受到以下服务：

- 高达 30% 的基础零售价格的折扣；
- 绝佳的海上购物体验；
- 齐全的欧美设计师品牌；
- 独特的本土、目的地专属产品；
- 最低价格保障；
- 所有的问题、疑惑都能得到解答；
- 知识丰富、技能专业的购物顾问的服务。

2021 年以来，公主邮轮和世界著名的邮轮零售企业 Harding Retail 已经合作，公主邮轮将目前 14 艘船的自营零售业务交给 Harding Retail 进行外包运营。这种新的合作关系实现了两家公司的战略目标和联合商业思维。邮轮零售业从未有过如此规模的举动——这明显表明，两家公司都有雄心，巧妙地利用新冠肺炎疫情之后重启的机会，开创海上零售新的可能性。

爱实践

通过学习本专题的内容，同学们了解了世界知名免税店企业的相关知识。请同学们挑选一家免税店企业，用 SWOT 分析法对该免税店企业进行战略分析。

赞 美 篇

中免集团总经理陈国强荣获穆迪“2021 年度人物”

2021 年 12 月 22 日，备受全球旅游零售业界关注的《穆迪戴维特报告》“2021 年度人物”（图 1–28）揭晓，中免集团总经理陈国强荣获“2021 年度人物”（图 1–29）。此前陈国强曾于 2017 年、2018 年和 2019 年蝉联该奖项，在 2021 年他再次当选。

图 1-28　穆迪“2021 年度人物”

《穆迪戴维特报告》在报道中表示：“过去两年里，很少有人能像中免集团总经理陈国强那样，向业界发出如此令人振奋和鼓舞的声音：‘让我们以开放、交流、合作、创新的态度，共享中国旅游零售市场，开创全球旅游零售行业新格局。’

“2020 年 3 月，在至暗时刻，中免集团已着力步入复苏轨道。在全球其他销售渠道大多数都遭受冲击的情况下，他鼓励品牌合作伙伴探索海南离岛免税等市场。自那时起，中免集团在旅游零售业中发挥的领导作用愈发凸显。

11/33 Year in review: People

Charles Chen

"Let's work together to explore China's travel retail market and create new patterns in the global travel retail industry, with openness, communication, cooperation and innovation." Few voices have resonated with as much inspiration and encouragement to the rest of the industry over the past two years as that of China Duty Free Group (CDFG) President Charles Chen.

In the darkest of times, in March 2020, when CDFG was already in recovery mode, he exhorted brand partners to explore the China domestic duty paid and Hainan offshore duty free opportunities when virtually no other sales outlets existed worldwide. Since then, CDFG has taken on a true leadership role within travel retail.

How? By setting new benchmarks for physical and digital activations with its partners. By investing in raising the standard of its own retail real estate, on- and off-airport, both for today and for tomorrow – the new Haikou International Duty Free City will be a landmark for Chinese and global travel retail when it opens next year. And by reaching new heights in sales terms. Amid the pandemic CDFG has attained the status of world's number one travel retailer, a position it will surely occupy for years to come, even as the global market recovers, such has been its impressive performance in 2020 and 2021.

CDFG has helped its industry partners build volume and reach during COVID times, delivering with quality, professionalism and an intimate knowledge of its consumers. The guiding hand of Charles Chen has been instrumental in its achievements to date, and the promise of much more to come.

图 1-29　中免集团总经理陈国强荣获穆迪“2021 年度人物”

“中免集团是如何取得这些成绩的？通过与合作伙伴一起为线下线上活动设定新的基准，通过投资提高自身零售地产的标准，不断创下零售额新高，与此同时，海口国际免税城即将开业，它将成为中国乃至全球旅游零售业的又一个地标。新冠肺炎大流行时期，中免集团已成为全球第一大旅游零售商，即使在全球市场复苏后，中免集团仍将在未来几年内继续占据领先地位，取得如 2020 年和 2021 年这样的佳绩。

“凭借高品质、专业性和对消费者的深刻洞察，中免集团帮助其行业合作伙伴扩大了品牌声量。迄今为止，陈国强带领中免集团取得了巨大的成就，未来有望获得更多成就。”

在母公司中国旅游集团的领导和支持下，中免集团形成了横向拓展品牌、纵向深耕品类的双向拓展通路，同时积极探索在新消费习惯下旅游零售市场数字化服务创新，推动了国内旅游零售业快速发展。

作为全球旅游零售和免税行业的权威媒体之一，《穆迪戴维特报告》自 2002 年公司创办以来便开始进行“年度人物”评选活动，表彰其为促进全球旅游零售及免税行业发展做出的突出贡献。荣膺穆迪“2021 年度人物”的还有卡塔尔航空集团首席执行官 Akbar Al Baker、WanderSafe 创始人 Stephenie Rodriguez、希思罗机场零售及地产总监 Fraser Brown 等。

资料来源：中国日报网，2021.12.22

模块 2　世界知名高端零售商品介绍

邮轮零售知多少

高端零售商品的发展和人类文明的进步密不可分。自从 14 世纪欧洲文艺复兴时期，普通民众就对高端零售商品的追求和向往不断增长。如今，在我国，消费者对高端零售商品的消费需求迅猛增长，许多国际高端品牌也加速进入我国市场，甚至进入了普通家庭。高端零售商品的存在和消费对经济发展产生了积极的刺激作用。国内外的高端零售商品行业都经历了翻天覆地的变化。高端零售商品的发展也带动了相关产业链的繁荣，例如供应链管理、物流服务和市场营销等领域。高端零售商品的消费还促进了旅游业的发展，吸引了更多的国内外游客前来购物和体验。随着社会经济的不断进步和人们对品质生活追求的不断提高，高端零售商品市场将继续迎来更多的机遇和挑战。这个行业的发展需要企业不断创新、提升服务质量，以满足消费者不断变化的需求。

【学习目标】

通过对本模块内容的学习，学员们应该达成以下 3 个目标：

1. 知识目标

- ◆ 掌握世界高端零售商品的行业历史
- ◆ 掌握世界高端零售商品的市场现状
- ◆ 掌握世界高端零售商品的常见种类

2. 技能目标

- ◆ 能够介绍世界高端零售商品的行业历史和市场现状

◆ 具备辨别不同高端零售商品公司特色的能力

◆ 能够介绍高端零售商品的种类细分和特色

3. 素质目标

通过学习世界知名高端零售商品在中国市场的发展情况，了解中国迅速发展的高端零售商品市场和本土高端零售商品品牌，提升学生对国内国际双循环的认识，增强爱国意识。

专题2.1　高端零售商品发展史

爱阅读

中国国内市场首次成为全球最大高端零售商品市场

2022 年 11 月 7 日，中国商业联合会奢侈品专业委员会及要客研究院在进博会上联合发布首份《中国高质量消费报告》（以下简称报告），该报告对未来中国品牌升级和消费升级的趋势进行了预判。

要客研究院数据显示，2021 年，由新媒体和供应商推动的各类生活方式教育正在影响着超过 78% 的中国人的消费决策，并带动了大约 25% 的消费新需求和替代性消费，即有大约 1/4 的个人消费是因为生活方式教育引导和创造的。

报告指出，中国人正以一己之力带动全球高质量消费市场发展，特别是全球高端零售商品消费市场在疫情期间的活跃和发展。中国高端零售商品市场分为中国人高端零售商品市场和中国国内市场两部分，2021 年，中国人高端零售商品市场同比增长 18%，总消费额达 1 465 亿美元，将近 1 万亿元人民币，即中国人在全球贡献了 1 万亿元的高端零售商品消费；由于连续两年远超其他国家的高速增长，中国国内市场第一次成为全球最大的高端零售商品市场，消费回流显著。

此外，中国大约有超过 5 000 个消费类优秀品牌具有成为拥有国际影响力的高端品牌的潜力，中国高质量消费的品牌化消费，不仅要依靠国外品牌引进，更要依靠中国品牌成长。由高质量消费所引领和带动的消费，涉及的总市场规模在 10 万亿以上，虽然占中国社会消费品零售总额大约不到 1/4，但是却贡献着超过 70% 的企业利润，个别行业贡献着超过 95% 的企业利润。

资料来源：《北京商报》，2022.11.7

爱讨论

中国高质量消费中的品牌化消费，部分依靠了中国品牌的成长。请同学们通过查阅资料制作思维导图，展示各商品类别中具有国际影响力的中国高端品牌。

爱学习

知识概要

高端零售商品的起源虽然可以追溯到人类诞生之初，但是比较接近现在定义的高端零售商品，则出现于古埃及时期。后来在文艺复兴时期的意大利、工业革命时期的英国和 20 世纪上半叶的美国，高端零售商品产业都有了长足的发展。可以说，高端零售商品产业的发展和一个国家或者区域的经济和社会发展水平有着很强的关联性。高端零售商品的存在和消费实际上刺激了经济发展，表达了人们对美好生活的向往和追求。而我国的高端零售商品行业发展，也为国内的高端零售商品品牌形成、壮大和输出奠定了基础，成为未来我国商品和文化输出的新增长点。

高端零售商品的发展和人类文明的发展相辅相成，高端零售商品的存在和消费刺激了经济发展。

一方面，人们购买高端零售商品，是对美好生活的向往和追求。很多案例证明，早期的高端零售商品现在已经走入平常百姓家，成为大众消费品。

另一方面，高端零售商品的消费也是对社会财富的重新分配。高端零售商品消费带动了高端零售商品设计、制造、运输、仓储、营销、零售和服务的产业链，给大众人群提供了更多的就业机会和收入来源；与此同时，高端零售商品消费产生的增值税、消费税和进口关税可以增加国家财政收入，有助于改善人民生活，促进社会稳定。

而我国的高端零售商品行业发展，也为中国的高端零售商品品牌形成、壮大和输出奠定了基础，成为未来我国商品和文化输出的新增长点。

我们可以通过了解高端零售商品发展的历史，进一步了解高端零售商品行业的发展和对人类文明的影响。

公元前 1550—公元前 1070 年：埃及奢靡时代的手工艺品为当时的高端零售商品。

14—16 世纪：意大利文艺复兴时期的画家、雕塑家和建筑师带动了奢华生活的浪潮（图 2-1）。

图 2-1　文艺复兴时期的奢华生活写照

英国设计师查尔斯·弗雷德里克·沃斯（Charles Fredrick Worth，1826—1895 年）创造了“高级时尚女装”这一概念，并且使其商业化。他举办了第一场时装秀并且开始使用时尚标签（图 2-2）。

图 2-2 早期的商业化时尚女装概念

20 世纪上半叶，以嘉柏丽尔 · 香奈儿（图 2-3）和克里斯汀 · 迪奥为代表的时尚人物创立了现代时尚理念。此时，纽约崛起成为世界高端零售商品之都。

图 2-3 嘉柏丽尔 · 香奈儿的时尚设计

20 世纪 60 年代到 80 年代，左翼的思潮在欧洲流行，社会阶级不再以公开的形式存在，高端零售商品的应用主要用来体现身份，更多的是表达个人个性化的品位。在那时，

Vivienne Westwood、Jean Paul Gaultier 和 Alexander McQueen 这些代表着多元思想的设计师也先后登上了世界高端零售商品的舞台。从此高端零售商品和时尚的界限变得模糊，如图 2-4 所示。

图 2-4　Vivienne Westwood 的个性化时尚设计风格

从 20 世纪 80 年代开始，资本的力量开始对高端零售商品市场产生深远的影响。大型的高端零售商品公司不断收购和吞并单一的高端零售商品品牌，LVMH 和开云集团（Kering）都是在这个时期发展壮大并成为世界高端零售商品帝国的。

到了 21 世纪，随着人们生活水平的提高，消费者不需要很富有就能拥有高端零售商品。高端零售商品和时尚的结合程度也更紧密。

2011 年 6 月 9 日，中国贸易促进委员会和世界奢侈品协会联合宣布，正式成立中国奢侈品贸易委员会。该委员会将引入全球各国顶级的高端零售商品资源，挖掘中国本土高端零售商品元素，诸如茶叶、玉器、丝绸等，推动本土高端零售商品企业国际化。

爱实践

学习了高端零售商品行业的由来和发展历程，大家对其发展历史有了较详细的了解。请同学们制作一个时间轴来展示高端零售商品行业的发展历程。

专题2.2 高端零售商品的分类

爱阅读

高端零售商品的等级争夺战

自从“高端零售商品”这个词逐渐被我们熟悉，加之是即使经济低迷时期依然有活力的产业，高端零售商品似乎成了不少品牌的救命稻草，很多品牌纷纷往高处走。就在过去的几年中，除了时装业与钟表业大打争夺战外，连咖啡和日用品都开始挤入这个阵营，以“高端商品”自居。

最近出现了一个新名词“高端极品”，以区分目前市场上种种“高端零售商品”的等级，比如用“专注＋工艺＋历史＋稀缺”这些词的组合来形容“高端极品”的存在。

在时尚界，最高傲的向来是那些高端且季节性不强的品牌，它们出新并不快，且从不打折，这让人想起一些家族企业。他们对于那些一过上市季价格就“嗖嗖”降下来的商业品牌显然持轻蔑态度。此外，价格也是一个评价标志，但如今特别在中国市场，涨价行为风靡一时，似乎不跟上这个脚步，你的高端零售商品等级排位会直线下降，尤其在那些本身就对产品缺乏品质了解，只懂得以周围评价及一些外观状态来衡量价值的顾客心中。

但生硬地划分等级，希望以此来突显自己，真的必要吗？

高端零售商品曾经与“使用者少”相联系，中国虽然已迈向世界第一大高端零售商品消费国，但从人口总量上看这依然是少数人的消费。但相比国外呢？比如意大利某鞋类品牌是很多人眼中的高端零售商品，它的全球第一大市场依然在本土，这也恰恰说明了在意大利，购买这个品牌产品是很多普通人的消费习惯，这个品牌的产品早已成为他们的日常配件，而非我们的不少年轻人，需要省吃俭用几个月才能狠心下手犒劳自己的高端商品。

它还是高端零售商品吗？其实从今天的意义来看，只要它的质量值得这个称谓，至于多少人消费它并非首要因素。

如同那些纠结且希望强调自我价值的顾客一样，你无法阻止其他人购买与你相同的品牌和产品。同样对品牌而言，你无法阻止别的竞争对手进入这个领域。大家就是要做好自己，对前者来说，你的优势也许在于你对这些产品的驾驭能力，这取决于你自身的气场；对后者而言，埋头做好自己的产品，自然不用担心它不被认可，这无非是时间问题。

资料来源：新浪网，2017.9.10

爱讨论

和同学们进行小组讨论，除了可以从等级上对高端零售商品进行分类外，还有哪些高端零售商品的分类方式呢？

爱学习

知识概要

高端零售商品主要可以按照不同的等级以及不同的商品类别进行分类。如果按照等级进行分类，从高到低，可分为特级高端零售商品、超级高端零售商品、高级核心高端零售商品、核心高端零售商品、时尚高端零售商品和日常高端零售商品。如果按照类别进行划分，又可以分为不动产类、服饰类、妆容类、首饰类、交通类、嗜好类、运动类、收藏类、食品类、观赏类和服务类等。

高端零售商品分类的方式众多，在这里我们主要从高端零售商品的等级和高端零售商品的类别这两种分类方式来进行介绍。

2.2.1　高端零售商品等级划分

高端零售商品等级划分主要由全球最大的高端零售商品研究与管理组织公开发布，主要通过上百个消费国家的媒体代表，来评定全球高端零售商品品牌。评定的参数包括品牌的影响力、占有率和每年发布的时尚新品的数量。

划分的等级分别是：特级高端零售商品、超级高端零售商品、高级核心高端零售商品、核心高端零售商品、时尚高端零售商品和日常高端零售商品。

根据汇丰银行最新的全球高端零售商品等级划分，最基础的部分是日常高端零售商品（everyday luxury），简单来说，就是面向大众，大家都可以消费得起。该品牌包括手表、咖啡、进口啤酒、进口葡萄酒、设计师品牌的香水等。该品牌的单件或单次消费往往不超过100美金，有的甚至不超过 100 元人民币。

而再上一层（倒数第二层），则是时尚高端零售商品（affordable luxury），可以理解为高端零售商品的入门品牌。这些产品的价位一般超过千元人民币但是不高于 3 000 元。这是很多年轻女性开始购买高端零售商品的选择品牌。

倒数第三层叫作核心高端零售商品（accessible core），这类是大家公认的且经常出现在我们生活中的高端零售商品，这层的价位一般在万元人民币左右，产品线非常丰富，也是大部分高端零售商品爱好者主要的消费品牌。

倒数第四层是高级核心高端零售商品（premium core）。这层的产品单价一般在万元人民币以上。

塔顶的两层分别是超级高端零售商品（第二层）（super premium）和位于塔尖的特级高端零售商品（ultra premium）。这些品牌极具稀缺性，定价高昂且产量少，主要是高档珠宝和奢华手表等品牌，象征着至高无上的财富和地位。

2.2.2　高端零售商品类别划分

根据商品的类别划分，高端零售商品主要可划分为以下类别。

不动产类：豪宅、酒店、花园、岛屿等。

服饰类：男装、女装、包袋、鞋子等。

妆容类：化妆品、护肤品、香水、精油等。

首饰类：太阳镜、珠宝、耳环、项链、戒指、手镯等。

交通类：豪车、飞机、游艇、帆船、摩托车等。

嗜好类：名烟、名酒、名茶、雪茄、打火机等。

运动类：球具、马具、猎具、弓箭等。

收藏类：文物、古董、字画、雕刻等。

食品类：燕窝、虫草等。

观赏类：花卉、树木、鱼虫、宠物等。

服务类：会员卡、医疗、金融、咨询等。

爱实践

学习了高端零售商品的不同分类方式，请根据所学的知识制作一个思维导图，来展示高端零售商品的分类以及对应的商品或商品品牌。

专题2.3 高端零售商品的常见种类

爱阅读

中国人买走了近 1/4 的瑞士手表，终成全球第一

高端腕表在中国已悄然走红。中国每年平均进口机械表约 234 万只，贡献近 7 成进口额。2020 年瑞士手表出口国家、地区中，中国内地与中国香港合计约占总出口额的 24.09%，中国成为瑞士手表出口的第一大客户。

机械手表贡献近 7 成进口额，增速远超电动手表。

海关总署数据显示，2016 年至 2020 年，中国机械手表进口量由 205 万只增长至 249 万只，5 年累计上涨 21.46%。截至 2020 年，机械手表在手表总进口数量中占比约 10.14%，较 2019 年增长 2.53%。

从进口势头上看，自 2017 年起，机械手表进口数量已持续 4 年同比上涨，最高涨幅 12%。在新冠肺炎疫情暴发的 2020 年，电动手表进口数量较 2019 年减少 26.1%，但机械手表进口数量仍持续上涨。进口数量仅占约 10% 的机械手表，却贡献近 7 成的进口额。2014 年至 2020 年，机械手表进口额由 87.31 亿元增长至 182.19 亿元，7 年累计增长约 108.67%。

自 2018 年起，机械手表进口额同比增速持续超过电动手表。截至 2020 年，机械手表进口额较 2019 年上涨近 40%，比电动手表高出 39%。

艾瑞咨询报告显示，在进口机械手表“触底反弹”的 2017 年，中国内地高端腕表市场规模达 160.5 亿元，较此前一年上涨 21.3%。

瑞士联邦海关管理局数据显示，2010 年至 2019 年，中国香港始终是瑞士手表出口额最高地区。在新冠肺炎疫情肆虐的 2020 年，中国内地开始崛起。瑞士手表对中国内地出口额达 23.94 亿瑞士法郎，中国内地首次成为瑞士手表出口额最高地区。

总体来看，2020 年瑞士对中国手表出口额合计约 40.91 亿瑞士法郎，约占到瑞士手表全

球总出口额的 24.09%，比排在第二位的美国高出 12.39%。中国已成为瑞士手表出口的第一大客户。

资料来源：界面新闻，2021.4.8

爱讨论

和同学们分小组讨论高端零售商品有哪些常见种类。

爱学习

知识概要

国际邮轮上的免税店一直以来都备受顾客喜爱，因为那里汇聚了彩妆、护肤品、香水、手表、珠宝、箱包皮具和洋酒等各种令人心动的产品。这些店铺不仅提供了世界各国知名品牌的商品，而且这些商品在功能、工艺、技术和设计方面也各具特色。不论是在哪条航线或者哪个航行区域的高端零售商品的种类繁多，但是最常见的种类是彩妆、护肤品、香水、手表、珠宝、箱包皮具和洋酒等。而这些类别的商品往往都能在国际邮轮上的免税店内购买到，因此不论是在哪条航线或者哪个航行区域的邮轮上，免税店总是成为乘客们争相惠顾的地方。这些店铺不仅提供了世界各国知名品牌的商品，而且这些商品在功能、工艺、技术和设计方面也各具特色。人们可以在这里找到他们钟爱的商品，并带回美好的回忆和令人满意的购物体验。

邮轮免税店里面的商品琳琅满目，种类繁多。但是，由于不同国家、区域的游客消费预算、购物习惯等方面的差异，在不同航线、不同品牌以及面对不同客人群体的邮轮上，各个免税店里面售卖的商品种类差异较大。例如，中国母港出发的邮轮上客人最热衷于在免税店购物，特别是免税店里价格昂贵的高端零售商品，比如高档手表、高档珠宝、香水和化妆品等都备受青睐；而欧美客人则更多把邮轮旅行的预算放在特色餐厅和酒水消费上，在免税店消费不如亚洲客人豪放，但是仍然会买烟、酒等在他们国内重税的商品，并且在邮轮特色纪念品和零食方面消费也较多。

尽管存在以上由客人群体购物习惯导致的对商品喜好的差异，但是总的来说，规模较大的邮轮免税店里都会包括彩妆、护肤品、香水、手表、珠宝、箱包皮具和洋酒等常见的高端零售商品种类。

2.3.1 彩妆

在邮轮免税店，名牌彩妆是多数出境旅客的必买品，部分热门商品甚至在免税行频频断货。现代彩妆往往将美容和皮肤护理结合在一起，根据其宣称的功效添加相应的护肤活性成分，比如脂质体、透明质酸钠、神经酰胺、植物提取物、辅酶 Q10、多酚等。

如今彩妆的色彩、主题都具有很广阔的自由表达空间，彩妆产品日益追求新颖独特的外形包装，譬如趣味盎然的产品名称、立竿见影的效果与对青春美丽的另类注解。

彩妆主要是涂敷于脸面等部位，利用色彩的变化，赋予皮肤色彩，修整肤色或加强眼、鼻部位的阴影，以增强立体感，使之更具有魅力；同时，也可用于遮盖雀斑、伤痕等皮肤缺陷。美容化妆品的历史很悠久，早在远古时期，古代人在宗教仪式上将面部或者身体涂上各种色彩，后来，发展成为面部和身体的装饰和美容用品。尽管公元前 3500 年已开始使用美容化妆品，如在古埃及和我国古代宫廷都有化妆师，但直到 20 世纪初，Max Factor 在美国圣路易斯开设演员、影星化妆专营店后，美容化妆才开始被社会各阶层人士较广泛地使用。

按照使用部位的不同，彩妆可以分为以下几种类型。

脸部和颈部用品：粉底、散粉、粉饼、打底霜、BB 霜、CC 霜、腮红、修容粉等。

眼部用品：眼线、眼影、睫毛膏、眉笔、眉粉等。

唇部用品：口红、唇彩、唇线笔、唇膏等。

指甲用品：指甲油、指甲油除去液、指甲抛光剂、指甲漂白剂等。

按照功能不同，彩妆可以分为基础彩妆（也称为底妆）和局部彩妆。

2.3.2 护肤品

近年来，由于旅游、探亲、留学、国际交往的日益兴起，国人出入境和在境外购物日益频繁，免税店护肤品的价格优势引领着人们的购物热潮。护肤品种类繁多，特点各异，使用护肤品增强了人的自信心，提高了人的美好形象。护肤品具有养颜美容的功能，能增强皮肤的弹性和活力，经常使用可使人年轻、美丽。

护肤品，即保护皮肤的产品。随着社会经济的不断进步和物质生活的丰富，护肤品不再是过去只有富人才用得起的东西。它对人们的精神、形象提升起到了极大的作用。每一种护肤品的制造成分，根据不同皮肤的性质也不一样。中国的化妆品市场是全世界最大的新兴市场，在短短的 20 多年里，中国化妆品行业从小到大，从弱到强，从简单粗放到科技领先、集团化经营，全行业形成了一个初具规模、极富生机活力的产业大军。随着国内居民消费水平的升级，化妆品行业发展也已经进入新的里程。其中，护肤品行业是化妆品行业中发展最快的一个细分市场。中国护肤品行业以年均 15% 以上的速度递增，全行业正处在消费结构逐渐升级、消费层次多元化的阶段，护肤品生产和销售方面也已形成相对完善的法律法规。

护肤品的种类，主要分为面膜、眼霜、面霜、精华素、洁面乳、原液、爽肤水、防晒霜等。

2.3.3 香水

爱美之心人皆有之。随着经济的发展，人们的生活水平显著提高，消费理念不再仅仅围绕温饱问题，而更多的是注重身体的全方位自我管理。“90 后”“00 后”的年轻群体更是时尚前沿的“弄潮儿”，他们追求个性，更乐于享受品质，他们的消费行为与生活方式，也正重新定义着这个时代的潮流风向。美妆品类在当前的消费市场中一向炙手可热，邮轮免税店也不例外，每个航程中由美妆带来的利润已然占据了整个邮轮免税店销售额的 1/3 左右。

其中，除了护肤和彩妆产品外，人们也愈发关注嗅觉体验。独特迷人的气味逐渐成为现代社交的形象印记和礼仪标准。香氛类产品在未来的邮轮市场中所占比例也将持续增长，发展非常可观。

香水是一种以香料调制而成的液体产品，功能为提供芳香、掩饰异味，通常使用于人体及衣物。人类最早使用香氛应与宗教有关。许多古老宗教都具有焚香仪式，并认为烟雾为人与神沟通的媒介。香水的英文（perfume）语源为拉丁文 per fumun，意思正是“透过烟雾（through smoke）”。早在公元前 1500 年，古埃及艳后克娄巴特拉七世就已经开始用 15 种不同气味的香水洗澡了。但欧洲香水业的第一步实际上是从 16 世纪开始迈出的，那时要与法国国王结婚的凯瑟琳·德梅迪茜公主从意大利来到巴黎，凭借着自己的高贵身份，将意大利的香氛乃至时尚领域的潮流带入法国，而她的御用调香师 Rene le Florentin 也随之来到法国，并在巴黎开设了香水店，将香水变成了巴黎城中的时髦物品。17 世纪，路易十四时代是法国香水与香料产业的巅峰期，这个时代的巴黎设施非常落后，没有上下水道，人们也没有沐浴的习惯，香水可以用来掩盖身上的气味。到了 18 世纪，移居德国科隆的意大利人法理那，他所制造的“科隆之水”（古龙水）一时席卷了整个欧洲，彻底改变了人们的生活。

第一次世界大战之后，因为战争的关系使得女性人口高于男性人口，于是香水等美妆产品有了很大的市场。随即而来的是生产技术的提高，物美价优的香水开始出现，香奈儿、迪奥、圣罗兰等设计师将香水引入时尚界，从此奠定了香水的地位。

香水可以根据香精浓度或香调来初步进行分类。

根据香精浓度可以分为以下几类。

香精或浓香水（parfum 或 extraits）：香料浓度 18% ~ 30%，持香时间 6 ~ 8 小时。

淡香精或香水（eau de parfum, EDP）：香料浓度 15% ~ 20%，持香时间 4 ~ 5 小时。

淡香水（eau de toilette, EDT）：香料浓度 5% ~ 15%，持香时间 3 ~ 4 小时。

古龙水（eau de cologne, EDC）：香料浓度 2% ~ 4%，持香时间 2 ~ 3 小时。

清淡香水（eau de fraiche,EDF）：在各个香水等级中香精含量最低，为 1% ~ 3%。刮须水和体香剂都属此等级。

香料浓度越高，持香时间也越长久。其中古龙水自推出即广受男士青睐，因此也经常代指男性专用香水。

香水也可以根据香调来进行分类。香调（note）指香料气味的种类。常以香调轮（fragrance wheel）图式来表达香调的分类与关系，最著名的香调轮由英国调香师 Michael Edwards 于 1992 年提出。

最基础的香调可分为花香调（floral）、清新调（fresh）、木质调（woody）、东方调（oriental）。

在每个基础香调下还有更细腻的分类。花香调可细分为花香（floral）、柔美花香（soft floral）、东方花香（oriental floral）；清新调可细分为柑橘（citrus）、绿叶（green）、水生（water）；果香调（fruity）介于花香调和清新调之间；木质调可细分为木质（woods）、干燥木质（dry woods）、柑苔木质（mossy woods），又称西普调（chypre，由来为 1917 年同名香水）；东方调可细分为柔美东方（soft oriental）、东方（oriental）、木质东方（woody oriental）。

馥奇调（aromatic 或 fougère）可独立于四大调之外，由来为 1882 年知名香水皇家馥奇（fougère royale），通常综合运用多个香调，并以薰衣草、香豆素、橡木苔等香料为主角。

随着香水工业的发展，许多崭新的香调逐渐问世，也使香调分类更为丰富，例如美食调与皮革调。

香水中的各种香料都有各自不同的挥发速度，气味强度也存在差异。因此香水会经历前调、中调、后调这三个阶段。

前调（top note）：前调是人们对香水的第一印象。它们是你打开瓶子后，最先闻到的味道。前调极易挥发，所以一般只维持 10 ~ 15 分钟的时间。

中调（middle note 或 heart note）：当前调消失后，中调的气味开始显现。它们构成了香水的核心，体现了香水的香调。

后调（base note，又称基调、底调）：最终留下来的气味就是后调，它们是香水创作的基底，同时也是香水的灵魂。后调一般持续 4 ～ 5 小时。

2.3.4　手表

虽然随着信息化时代的发展，很多人会认为出门可以只带手机，不戴手表，但是手表也逐渐成为商务人士随身必备的物品，作为佩戴者身份的象征，在商务会议中的白领们往往在昂贵的西装下也需要一块精致的手表来衬托。因此，很多邮轮免税店会根据航线以邮轮规模来确认邮轮免税店中表店的规模。

手表，也称为腕表，是指戴在手上，用于计算时间以及显示时间的仪器。通常会利用皮革、橡胶、尼龙布、不锈钢等材料作为表带，将显示时间的表头束在手腕上。而世界上第一只手表的由来有很多传说，比较著名的有两个版本。其一，第一块手表诞生于 1806 年，拿破仑为了讨皇后约瑟芬的欢心，命令工匠制造了一只可以像手镯那样戴在手腕上的小“钟”，这就是世界上第一块手表。此后一段时期，怀表依然是男人身份地位的象征，手表则被视作女性的饰物。其二，传闻手表诞生于 1868 年，由制造商百达翡丽为匈牙利的 Koscowicz 伯爵夫人设计的礼物。但是就普及性而言要推迟至 20 世纪初。在 1904 年，经营珠宝的法国商人路易斯・弗朗索瓦・卡地亚听到飞行员好友亚波托・桑托斯・杜蒙的抱怨：“当我驾驶飞机时要把怀表从口袋拿出来十分困难，希望你协助解决这个问题，以便在飞行途中也能看到时间。”因此，卡地亚便想出来用皮带和扣，将怀表绑在手上的方法，以解决好友的难题。而这种绑在手上的怀表，就是现今的手表。

手表的种类，主要分为机械表、指针式石英手表、液晶式石英手表、特殊功能表和古董表等。手表的价格会因为品牌的奢华程度而有所不同。

2.3.5　珠宝

对很多人来说，邮轮旅行是一次终身难忘的经历，可以参观异域风情、庆祝特殊时刻，或是在安全放心的环境里享受拥有各种度假设施的假期。邮轮上为旅客开设了许多珠宝首饰精品店，优质的服务、良好的环境、合适的价格、多种的折扣，都为每一位旅客的假期出行添上了柔美的一笔。

1. 珠宝的定义

珠宝有广义与狭义之分。狭义的珠宝单指玉石制品，广义的珠宝应包括金、银以及天然材料（矿物、岩石、生物等）制成的，具有一定价值的首饰、工艺品或其他珍藏品，故古代有“金银珠宝”的说法，把金银和珠宝区分开来。

2. 珠宝的分类

珠宝分为天然珠宝玉石（天然宝石、天然玉石、天然有机宝石）和人工宝石（人造宝石、再造宝石、拼合宝石、合成宝石）。常见的玉石有红宝石、钻石、蓝宝石、祖母绿、翡翠、金绿宝石、欧泊、碧玺、水晶、橄榄石、珍珠等。

3. 珠宝的认证

国际上通用的权威珠宝鉴定机构及从业资格证书包括：

英国皇家宝石协会会员（FGA）

亚洲宝石协会（GIG）

美国宝石研究院（GIA）

国际宝石学院（IGI）

中国宝玉石鉴定认证（GAC）

中国地质大学（武汉）珠宝鉴定师（GIC）

中国地质大学（北京）珠宝鉴定师（GCC）

比利时钻石高阶层议会（HRD）

中国国家注册珠宝玉石质检师（CGC）

4. 珠宝的特点

- “美”，即艳丽晶莹、光彩夺目。

宝石如果不美就不能成为宝石，这种美或表现为绚丽的颜色，或表现为透明而洁净，或具特殊的光学效应（如猫眼、变彩、夜光等现象），或具特殊的图案（如菊花石、玛瑙、梅花玉等）。

- “久”，即质地坚硬耐磨，能够经久不变。

由于宝石的价值高，人们必然期望它能够经久耐用，是可保值甚至世袭的物品。钻石之所以成为最昂贵的宝石，其中一个原因就是它是世界上最坚硬、又不怕腐蚀的宝石，故世上价值较高的宝石多为一些硬度大、耐腐蚀性强的硅酸盐矿物（如翡翠）、少数氧化物（如红宝石、蓝宝石）及单质矿物（如钻石），而质柔软、易受腐蚀的宝石（如岫玉、南方玉等）本身价值较低，常用于制作工艺品，以工取胜；但也有少数宝石不在此列，如欧泊、珍珠。

● “稀”，即产量少。

物以稀为贵。世上极为稀少的祖母绿宝石，上等质量者每克拉（0.2 克）价值上万美元，而某些颇美丽又可耐“久”的宝石（如紫晶），由于产量较多，开采较容易，其价格一直较低。某些常见的岩石，经琢磨后也具美观耐久的特点，但却不能成为宝石大家庭中的一员，其原因就是物易得必贱。

2.3.6　箱包皮具

箱包皮具虽然不是邮轮免税店最大的获取利润的项目，但也是必不可少的一部分，它不仅是必需品也是跟随时尚的一种重要体现方式，如图 2-5 所示。

图 2-5　邮轮上免税的箱包皮具店铺

皮具是用皮革制成的皮家具或皮工具，广义的皮具还包括皮衣、皮鞋、公文包、箱包、钱包、钥匙包、腰带等皮革制品（图 2-6）。早在 1949 年前，中国的达官显贵、社会名流受欧美文化的影响，已开始使用代表他们身份、地位、财富的欧美时尚皮具制品。国内一些皮匠开设的家庭作坊也有零星生产，这一时期的产品主要是皮鞋、旅行箱包、公文包、手提包、晚装包、拉链钱包、皮带等。

图 2-6　皮具商品

箱包是对用来装东西的各种包的统称。箱包按材质可分为塑纺面制箱包、皮革制箱包、其他面料制箱包等；按照造型风格和用途进行分类，有生活用包（休闲包、时装包、宴会晚装包、筒包、迪包、腰包、沙滩包、化妆包、钱包等）、公事和职业用包（电脑包、双肩包、公文包等）、运动和旅行用包、专用包（学生包、相机包、手机包、钥匙包等）、创意包等。

女士爱包已经是一种趋于全民化的社会级现象。从古至今，包饰的兴起与服装的演变有着密切的联系。自从 18 世纪末，附有衣带的波浪型裙子被修身的衣服取代后，女士们便纷纷寻找可以装载个人物品的袋子。基于不同的潮流文化、不同的时代状况、不同的场合，女士的包饰已演变出变幻无穷的形式。上班、逛街、约会、赴宴、郊游、爬山……根据不同的场合和需求，女士们的包饰也随之发生了相应的变化。比如在工作场合，女士们大多会选择挎包或手提包，为自己的职业装扮增添一份精致和优雅。因为这些包饰通常具有经典的造型和素雅的颜色，既能满足实用需求，又不失大方的气质。在逛街和约会等休闲场合，女士们则更加注重包饰的潮流性和时尚感。流行元素不断被融入包饰的设计中，比如亮眼的色彩、有趣的印花、时尚的材质等，这些元素也成为女士们展现自我风格和个性的重要手段。而在参加宴会等正式场合时，女士们则需要更加华丽的包饰来突显自己的高贵气质，这时手拿小包或晚礼包成为最佳的选择，这些包饰通常选用高雅的皮革、羽绒或丝绸等面料，再搭配上钻石、珠宝等精致饰品，让女士们在重要场合中展现自己的大气和高贵。此外，在郊游和爬山等户外运动场合，女士们则会选择轻便的背包或腰包，以满足自己的便捷需求，更好地享受自然风光和运动乐趣。总之，女士的包饰是极富变化和创意的，它不仅满足了女士们的实用需求，也成为她们个性展示和风格创新的重要途径。这也反映了人们对于美和时尚的不断追求和探索。

同时，包饰早已不再是女性专属领域，越来越多的男性也开始关注箱包的设计和搭配，这也反映了箱包已经成为一个趋于全民化的时尚潮流。比如在工作场合，男性们需要携带电脑、文件夹等一系列办公用品，因此精巧的公文包或背包成为他们的首选。而在休闲场合，男性们则偏向于选择现代时尚的胸包或腰包，以方便携带个人物品，同时又能展现出自己的个性与品味。

箱包不仅满足了人们的实用需求，同时也能够为人们带来心情的愉悦和展现个人风格的机会。通过适合自己的包饰搭配，人们能够更好地塑造自己的形象和风格，同时增强自信和魅力。

2.3.7　洋酒

洋酒是进口酒类的总称。它包括烈酒、啤酒、葡萄酒、利口酒等。世界各地酒的种类有数万种之多，酿酒所用原材料和酒的酒精含量也有很大差异，为了便于了解和记忆，人们主要做出以下分类：若以生产原料对酒进行分类，大致可分为谷物酒、香料草药酒、水果酒、奶蛋酒、植物浆液酒、蜂蜜酒和混合酒七大类；若以饮用时机来对酒类进行分类，又有餐前酒（开胃酒）、佐餐酒、餐后酒和特饮酒；若以酒精含量的不同对酒进行分类，又有低度酒、中度酒和高度酒之分。

邮轮免税店中主要销售以下几种酒类：

● 葡萄酒（Wine）

葡萄酒是以葡萄为原料酿造的一种果酒。葡萄酒的品种有很多种，品种是决定葡萄酒味道的主要因素。因葡萄的栽培、葡萄酒生产工艺条件的不同，产品风格也各不相同。葡萄酒按酒的颜色可以分为白葡萄酒、红葡萄酒和桃红葡萄酒；按含糖量可以分为干葡萄酒、半干葡萄酒、半甜葡萄酒和甜葡萄酒；按是否含 CO_2 可分为静酒（不含自身发酵或人工添加 CO_2）、起泡酒（自身发酵产生 CO_2）和汽酒（人工添加 CO_2）。

● 白兰地（Brandy）

由葡萄或者其他水果发酵后蒸馏而成，但是须放在木桶里经过一定时间的陈酿。白兰地通常被人称为“葡萄酒的灵魂”。世界上生产白兰地的国家很多，但以法国出品的白兰地最为驰名。法国著名白兰地产区有两个：一个为干邑地区（cognac），另一个为雅马邑地区（armagnac）。干邑酒的等级与原酒在橡木桶中贮存年限的长短有直接关系，从低到高分别为 VS 级（酒龄在 4 年半以下）、VSOP 级（酒龄在 4 年半至 6 年半之间）、XO 级（6 年半以上）、EXTRA 级（酒龄在 10 年以上）等。干邑酒贮存时间越长，质量越好，价格越高。

● 威士忌（Whisky）

以麦芽和谷类为原料，在橡木桶中陈酿多年后，调配成 43% vol 左右的烈性蒸馏酒。英国人称之为“生命之水”。按照产地可以分为苏格兰威士忌、爱尔兰威士忌、美国威士忌和加拿大威士忌四大类。威士忌具有非常浓郁的风味和口感，每个产地的威士忌都有着独特的风味和香气。苏格兰威士忌以麦芽为主，口感清淡，入口顺滑；爱尔兰威士忌则更注重多种原料的调配，口感更加复杂丰富；美国威士忌主要以玉米为原料，带有较浓的烟熏口感，香气丰富；加拿大威士忌则以口感轻盈、容易入口为特点。

● 朗姆酒（Rum）

朗姆酒是以甘蔗糖蜜为原料生产的一种蒸馏酒，也称为糖酒、兰姆酒、蓝姆酒。其原产地在古巴，口感甜润、芬芳馥郁。根据不同的原料和酿制方法，朗姆酒可分为朗姆白酒、朗姆老酒、淡朗姆酒、朗姆常酒、强香朗姆酒等；根据风味特征，可将朗姆酒分为浓香型、轻香型。朗姆酒含酒精 38 ~ 50% vol，酒液有琥珀色、棕色到无色。

● 杜松子酒（Gin）

杜松子酒其别名金酒，是世界第一大类的烈酒，以药用植物杜松子和食用酒精经串蒸或冷混而成。其诞生在荷兰，成长在英国。酒液无色透明，气味奇异清香，口感醇美爽适，既可单饮，也可与其他酒混合配制或作鸡尾酒的基酒，故有“鸡尾酒心脏”的美誉。金酒按口味风格又可分为辣味金酒、老汤姆金酒和果味金酒。

● 伏特加酒（Vodka）

伏特加酒是俄罗斯的传统酒精饮料。它以谷物或马铃薯为原料，经过蒸馏制成高达 95% vol 的酒精，再用蒸馏水淡化至 40 ~ 60% vol，并经过活性炭过滤，使酒质更加晶莹澄澈。此酒无色且清淡爽口，不甜、不苦、不涩，只有烈焰般的刺激，形成伏特加酒独具一格的特色。伏特加酒可分为纯酒精伏特加和调香伏特加两大类。

● 龙舌兰酒（Tequila）

龙舌兰酒以墨西哥特有植物龙舌兰为原料发酵蒸馏而成，是墨西哥的国酒，被称为墨西哥的灵魂。传统的龙舌兰酒喝法十分特别，首先把盐巴撒在虎口上，用拇指和食指握一小杯纯龙舌兰酒，再用无名指和中指夹一片柠檬片，迅速舔一口虎口上的盐巴，接着把酒一饮而尽，再咬一口柠檬片，整个过程一气呵成，堪称一绝。除纯饮以外它也常被用来当作基酒调制各种鸡尾酒。常见的鸡尾酒有龙舌兰日出、斗牛士、玛格丽特等。

爱实践

学习了高端零售商品的常见种类，请根据所学的知识选择一种商品种类，向其他同学介绍该种类商品的特色和卖点。

赞 美 篇

中国品牌日：做强大国品牌 擦亮中国名片

为迎接第六个“中国品牌日”，助力新冠肺炎疫情冲击下中国品牌的突破发展，CCTV-1《大国品牌》近日联合多家知名品牌企业，推出“510 品牌”项目，从传统品牌到时代品牌，多举措打造优秀中国品牌与年轻消费群体的互动沟通渠道，帮助其把握、引领新常态下的消费新需求。

共同发起“致敬中国年轻消费者”活动

当前，新冠肺炎疫情从整体上得到有效管控，中国经济日趋回归正常轨道，但中国人尤其中年以上人群的消费心理与习惯受到较大冲击。这也令年轻一代主力消费人群的地位得到进一步巩固。

消费调查显示，千禧年出生的中国年轻一代，目前以 3.2 亿的群体数量逐渐成为中国经济、文化与消费的主导力量。出生于中国经济腾飞期的他们生活普遍富足，多为独生子女的特性令其在家中备受关注与宠溺。他们社交需求旺盛，审美要求极高；他们热衷消费，但不消费至上；他们崇尚有思想、有质量的内容，更具文化自信。这些反映到消费上就是对国货的极大自信。

基于当代年轻人的特质，来自中国高端品牌代表企业的 10 位企业家代表，参与《大国品牌》之“510 品牌”特别节目——致敬中国年轻消费者，拥抱中国年轻一代消费者。

对于当代年轻消费者，这些中国各行业领军品牌的企业家普遍表示看好，认为他们有思想、有品位、有爱国热忱。在 510 中国品牌日和五四青年节到来之际，企业愿与他们共建未来健康态生活方式。

CCTV-1《大国品牌》总出品人吴纲表示，新冠肺炎疫情后中国市场发生了较大变化，因而此次联合优秀企业家共同发起“致敬中国年轻消费者”活动，是一次有针对性的沟通升级。

这些品牌不仅满足了年轻人消费个性品位，更在精神上给予他们鼓舞。

打造“大国品牌产业促进基地”

当下，中国已然成为全球最大的“品牌孵化器”之一。从家电、服装，再到化妆品，中国品牌开启的国际化之路势必延续，全球行业即将再次进入中国时间。

这一进程中，“健康态”开始成为各界关注的关键词。它既是大健康产业的健康发展状态，又是拉动全民消费升级的健康发展状态，也是各行产业结构与产业链条的健康发展状态，更是中国企业健康未来的发展状态。

基于建设凝聚社会强大资源，合力孵化、打造具有全国乃至全球影响力的“大国品牌产业促进基地”，2022 年 10 月底，《大国品牌》在海南自由贸易港启动创建“城市综合体新需求消费业态体验平台——大国品牌健康态产业促进中心”。通过“大健康高级体验引流高端消费人群”的方式，实时收集“高端消费人群真实需求大数据”，引导“企业对高品质消费需求产品进行科学产创”，带动“各行头部企业产业升级”。

据介绍，容纳了健康产业、消费品企业、日用品、智慧家电等涉及衣、食、住、行的各门类产业企业品牌的“大国品牌健康态产业促进中心”，将打造以消费升级体验，共创高品质未来生活为目标的，覆盖中国数十个行业的“行业品牌未来趋势体验馆”，以此向中国年轻消费者致敬。以自身作为汇聚各方力量的平台，助力中国经济转型升级，探讨企业新型消费产品、消费新模式、新业态资源，以及线上线下消费品打造的差异，顺应新型消费引领消费升级的大趋势，加快培育新型消费市场。

“掌握品牌核心竞争力的大国品牌，有责任针对这个时代年轻人健康的生活方式，以未来各行业消费健康态新需求，去引领激发中国品牌迈向形态更高级、结构更合理全新发展阶段。”吴纲说。

资料来源：《科技日报》，2022.4.24

模块 3　商品的销售步骤和技巧

邮轮零售知多少

在国际豪华邮轮的免税店从事销售工作，需要掌握的销售技巧既有和其他零售行业一致的内容，也有根据国际邮轮这种特殊环境、复杂多样的顾客群体以及独特的免税政策等限制因素所导致的额外需要注意的地方。

所以在学习国际豪华邮轮免税店的销售步骤和技巧时，我们可以先掌握零售行业通用的销售流程和技巧，然后再根据国际豪华邮轮行业的特殊性质增加额外的知识和技能。

销售员在国际豪华邮轮上的免税店销售商品，除了承担销售员的职责外，同时也是邮轮的船员。所以我们学习销售技巧不仅仅是为了更多成单，达到甚至超越销售目标，另外一方面，也是要让邮轮的顾客能够更好地享受邮轮度假带来的美好体验。因此，在作为一名销售员的时候，我们的一切销售行为，不能与实现顾客美好的邮轮度假体验这一目标相冲突。

【学习目标】

通过对本模块内容的学习，学员们应该达成以下 3 个目标：

1. 知识目标

- ◆ 掌握邮轮商品销售服务的流程
- ◆ 掌握邮轮商品销售服务各个环节的方法和案例
- ◆ 掌握邮轮商品销售日常投诉的处理方法

2. 技能目标

- ◆ 能够灵活运用邮轮商品销售服务的技巧完成销售过程
- ◆ 能够熟练处理邮轮商品销售服务中的日常投诉

◆ 能够自如运用邮轮商品零售英语话术进行销售服务

3. 素质目标

通过学习成功的导购案例，培养学生对中国销售行业先进人物的认知，倡导爱岗敬业、诚实守信精神，增强爱国意识。

专题3.1 欢迎顾客

爱阅读

北京某购物中心国际知名品牌精品店的导购职责描述

每一位精品顾问都是形象“大使”

● 始终根据奢侈品牌的标准，展现专业、精致的形象和仪态；

● 与顾客交流时，始终注意口头（语言和措辞）和非口头（手势、肢体语言、眼神）的交流；

● 成为品牌的化身：传达品牌信息、价值观和文化，向顾客展现热情，传达品牌知识；

● 根据视觉陈列准则和视觉陈列团队的要求，维护精品店内的陈列，轮流参与橱窗的布置与更换；

● 保持精品店整体环境始终处于最佳状态。

销售一种风格与梦想，在顾客与品牌间建立情感联结（个性、生活方式和品牌传承）

● 根据“顾客服务价值观”的要求服务所有顾客，以真诚、灵活和定制化的服务满足顾客需求；

● 努力提升精品店的顾客满意度；

● 放眼长远，注重团队合作，以品牌为中心，促进销售并为精品店业绩做出贡献；

● 确保最高标准的售后服务，以积极的心态灵活理解顾客的需求，准确捕获信息并及时跟进；

● 充分了解顾客的穿搭风格，并提供相关推荐；

● 鼓励顾客尝试新的造型方式，分享造型小技巧。

与现有和潜在顾客建立密切联系

- 在主管或直属经理的支持下建立自己的顾客群；
- 跟进指定的顾客群，并与其建立长期联系；
- 发现并吸引具有潜力的新顾客；
- 通过准确和高质量的顾客信息捕获，深入了解顾客；
- 主动与店铺领导层分享顾客对产品和服务标准的反馈、顾客的需求与期望、顾客体验、顾客行为与趋势等信息；
- 将以顾客为中心的思维方式作为日常工作职责的一部分。

培育团队合作和伙伴精神

- 促进精品店内和跨店团队合作。

为精品店的日常运营提供有效支持

- 对精品店内的系列与产品拥有深度的了解；
- 遵循标准操作程序中的要求，完成所有精品店的运营工作；
- 遵循公司规定指示，防止库存损失、偷窃或损坏；
- 及时准确地完成文书工作。

资料来源：《北京商报》，2022.5.11

爱讨论

根据以上北京某购物中心国际知名品牌精品店的导购职责描述，和同学们讨论作为国际知名品牌的导购人员，在迎接顾客之前要做哪些准备才能更好地履行该品牌形象大使的职责？

爱学习

知识概要

欢迎顾客是邮轮商品零售环节中第一个环节，也是最重要的环节之一。能够很好地欢迎顾客不仅是邮轮商品销售人员必备的技能，更是在邮轮免税零售领域拉近与顾客距离、增加信任程度的重要技巧。欢迎顾客包括欢迎准备、欢迎礼仪和欢迎方式这三个重要的技巧。

3.1.1 欢迎准备

为了能够随时准备好接待每一位顾客，销售人员需要在每天工作前对店内的商品进行检查，以便在顾客询问时可以专业地回答顾客的问题。在店内查看新商品的陈列，确保每个商品都有对应的价格标签。记住价格有助于达成交易。在跟顾客沟通的时候，当顾客对产品有较高的兴趣时，他们往往先询问价格，如果销售人员记得商品的价格范围时，便可以立即告诉顾客，从而提高产品的成交概率。

每天工作闲暇时要及时查看存货，避免出现过度销售的情况。销售人员必须对商品的存货了然于心。并且确认商品袋子的数量，提高当日的工作效率。

除了对免税店的商品了然于心外，销售人员的仪表也是特别重要的，其中包含了整洁、端庄、精神饱满等多种要素，表现一个人从内到外的精神面貌，也是给顾客良好印象的第一步。在免税店工作，都会要求销售人员穿着端庄、整洁、正式，因而在工作前应该确认制服是否干净，领带是否合适，并且个人的打扮应该被大多数消费者所接受，不应追求过度的个性化，如图 3-1 所示。

图 3-1　欢迎顾客

以下是作为免税店销售人员的个人仪容仪表注意事项。

1. 职业服饰得体

（1）衣着穿戴与环境、工作性质、体形等保持协调一致，按照美观大方、利落、合时、合身的原则，讲求和谐的整体效果。

（2）不要敞露胸怀、捏拳捋袖、衣衫不整，不允许穿牛仔裤、旅游鞋上岗。

（3）女性丝袜无破损且颜色与服装相宜。

（4）鞋子需要光洁、无灰，与服装的颜色和款式相配，不要着鞋跟过高的皮鞋及泡沫鞋。

（5）保持制服的干净、整洁，着装符合公司规范。

（6）女生应盘或扎起头发，保持前额头发不过眉，侧边头发不遮耳。男生应保持发型整齐且不过长。

（7）不佩戴夸张耳饰、多余配饰。可佩戴一枚戒指、通勤手表和简单耳钉。

（8）注重个人卫生，保持清洁。不可喷过浓香水或不遮盖体味。

（9）注意保持手部整洁卫生。定期清洁指甲，不可涂抹指甲油。

2. 注重个人卫生

（1）发型应保持明快、舒展、不留怪发。女导购员的发型应显示自然、端庄之美；男导购员要经常剃须、理发，不要留长发和胡须。

（2）在打扮装束上，女导购员可适当化淡妆，既增加自信心，同时也给客户一个清新、悦目的视觉感观，切忌浓妆艳抹。

（3）嘴部保持清洁。导购员务必养成用餐完毕要漱口的习惯，并检查牙齿的清洁。

（4）注意体臭。勤洗澡、勤换衣，可以适当使用淡香水。

3.1.2 欢迎礼仪

在服务过程中，优雅而得体的服务大多时候可以给人一种稳重和信赖感。作为销售人员，站立时不可倚靠柜台，因为这样会显得无精打采，心不在焉，给人感觉傲慢或是懒惰，无主见。站立时，身体应该自然挺直，不依靠任何桌椅墙壁，不随意扭动，不能有跺脚、踏步、抖腿的小动作。

在欢迎顾客时，非语言类的礼仪也非常重要，主要体现在手势、站姿、目光交流和微笑等。以下是对非语言类礼仪的详细描述。

1. 得体的手势

在问候和欢迎顾客的时候，手指要尽量并拢，用手指向某一物品时，身体右侧物品用右手，左侧物品用左手，态度和蔼，同时目光也需要移向目标，距离的远近，也可以通过伸缩手臂进行调节。伸出的手掌应掌心向上，手指要伸直，表示谦虚诚实的态度。严禁将手放在口袋里，严禁抓头发、摸脸等一系列不礼貌的手势。同时，要避免用手指指向顾客的行为。

2. 站姿的礼仪

站立姿势要自然端正，挺胸抬头，双脚直立，不准交叉，身体不准倚靠展台。不拱背弯腰，不前挺后撅，既要站直又要放松。不要以单腿的力量支撑身体，这样短暂的舒适感只会带来反效果。为确保始终能保持良好的站姿，一定要穿合脚的鞋子，尽量不穿太高的高跟鞋上岗。

选择所站的位置，需要考虑到不要妨碍顾客的视线以及顾客的行走方向，同时与顾客保持恰当的距离也是十分重要的。在无顾客光顾时，男士双手背后，女士双手并叠放置，右手放在左手上。和顾客擦肩而过时，应为顾客留出足够的通道，面带微笑地面对顾客，免税店内走动时也需要注意“顾客优先”。接受顾客咨询时保持站立姿势，面带笑容，仪态自然、大方，双手微合于身前，抬头挺胸。

3. 善用目光交流

作为一名优秀的销售人员，要善于利用目光交流，不仅能察言观色，洞悉顾客内心的真实想法，还能通过眼神传递自己的真诚，与顾客建立信任。

当顾客进入店铺，销售人员和顾客距离尚远的时候，如果大声去进行语言上的寒暄往往会过于突兀，这时候可以先用眼神和顾客确认：我们已经注意到您的光临，我们会给您提供最优质周到的服务。

正视顾客的眼睛，会给予顾客被尊重的感觉，也可以展现销售人员的自信。

在和顾客目光交流时，需要注意以下几点：

（1）目光交流时不要直勾勾地看着顾客，而是要将目光集中在对方双眉与鼻子之间的三角形位置上下来回移动，这样既可以让顾客感到你的真诚，也不会让顾客感到不自在和尴尬。

（2）在与顾客寒暄和聊天时，如果气氛缓和融洽，可以将目光放虚笼罩在客户的面庞上，这样能让顾客感觉自然和放松，有利于进一步交流。

（3）如果想要得到积极的回应，可以在目光交流的同时配合微笑和微微点头，保持善意的眼神交流。

作为一名国际邮轮免税店的销售人员，即使再忙也需要时刻保持礼貌并持有积极的态度，时刻捕捉到顾客的目光，因为免税店的服务都应体现在细节当中。

4. 微笑的力量

微笑（图 3-2）是真诚、友善和大方的情感表达，在接待世界各地的顾客时，微笑是普遍也是通用的表情。作为国际邮轮免税店的销售人员，在欢迎和接待顾客的时候，使用微笑可以迅速传递欢迎和友好的态度，与顾客拉近距离，建立信任。

图 3-2 微笑的力量

作为国际邮轮免税店的销售人员，千万不要忘记自己同时也是顾客在邮轮上生活和娱乐的顾问。真诚的微笑可以帮他们缓解游玩了一天的疲劳，缓解在海洋上陌生环境的压力。微笑不仅仅可以消除顾客内心的不安，安抚顾客疲惫的内心，还可以营造轻松愉悦的购物环境。

免税店的营销服务非常复杂，除了日常接待顾客外，还有很多烦琐的后台工作，对于刚刚从事这份工作的新人来说，与其掌握各种不同情景的说话话术，不如用微笑面对每一位顾客。

3.1.3 欢迎方式

1. 称呼的礼仪

作为国际邮轮免税店的销售人员，和陆地上其他零售行业销售人员不同，在邮轮航程中可以反复地和同一批顾客见面，会经过一个与顾客在短短几天内从陌生到熟悉的过程。认识顾客以后，在称呼顾客的时候加上他们的姓氏（中国顾客）或者名字（欧美顾客），能够营造更加轻松的氛围，拉近与顾客之间的距离，也会让顾客感觉到你对他们的关心和在意。

在称呼顾客时，语气和语调很重要，不能随随便便或是用夸张的声调称呼客人，或是在自己心情不好时用抱怨的语气称呼他人。声音要带有感情，不能让不合时宜的声音使礼仪失去效用。

在称呼他人的时候，音量要适中，声调应该和缓，表情和姿态要大方、从容，在招待多位顾客时，声调语气以及音量不应有明显变化，以免被顾客误解（图 3-3）。

图 3-3　欢迎方式

2.“欢迎光临”的后续语句

当顾客光临时，销售人员都会说“欢迎光临”。当然，根据当时的具体情况销售人员也可以说“中午好”“晚上好”等。

但仅仅是机械式地重复还远远不够，和顾客说的第一句话一定要带着热情，除此之外，如果在“欢迎光临”后面加上一句话，往往可以拉近和顾客之间的距离。具体选择什么样的话题就需要看销售人员的性格以及过往经验的积累了，它没有任何的硬性规定，你可以根据自己的经验创造出能充分体现自己个性的惯用语句。

作为一些简单的常用语，可以使用：

“欢迎光临！您慢慢看。”

“欢迎光临！外面还下着雨，您没淋湿吧？”

“欢迎光临！您这次旅行怎么样呢？”

“晚上好，您的裙子很漂亮，是什么品牌的呢？”

“您好，欢迎光临。有什么需要的可以随时告诉我。”

“您好，有什么我能帮到您？”

在国际邮轮上，我们也可以结合邮轮上顾客的休闲娱乐活动，给顾客以更加有针对性和个性化的问候，比如：

“您有没有吃到我们今天主厨推荐的龙虾呀？”

“昨天推荐您的那家店您去了吗？觉得怎么样啊？”

“今天外边太热了，您去海边了吗？”

“张先生，晚上好！今天去岸上玩得怎么样呀？”

“王女士，上午好！昨天您去看我们剧场的表演了吗？感觉如何？”

“李先生，早安！喜欢吃我们主餐厅的早点吗？”

在国际邮轮上，我们会面对来自各个国家的顾客。适时用合适的语言和顾客进行简单的问候，可以极大地拉近销售人员和顾客之间的关系。比如和讲英文的顾客简单地用英文进行问候，和讲汉语的顾客则用汉语进行简单的问候。

3. 顾客的逛店风格

每位顾客都会通过他们的眼神、动作、走路和说话方式来传达他们的风格，给销售人员提供信号。销售人员需要掌握并识别这些信号，然后调整自己的风格以及接下来的招待方式。

通常，顾客的逛店风格分为三种：需要立即帮助；想自己先看看；不需要任何帮助。对于需要立即帮助的顾客，销售人员应及时根据顾客的需求提供相应的服务。对于想自己先看看的顾客，销售人员不妨采用导览式的招待方式，主动提出带顾客了解店内陈设以及商品的类别等。若顾客仍希望自己逛一逛时，销售人员则需要把空间留给顾客并随时关注顾客，并在合适的时机提供帮助。例如，顾客在某类商品前驻足良久，销售人员则可上前尝试提供帮助：“需要我帮您介绍一下吗？”或者“您现在看到的正是我们这个春季的新品。”

当然，很多时候我们会遇到没有任何回应的顾客，或是顾客不希望销售太靠近自己，甚至不愿意与销售人员对视，对于这种顾客，销售人员可以小声说：“如果您有任何需要，可以随时找我，您慢慢看！”然后暂时离开顾客。如果顾客没有任何回应，喋喋不休地给顾客介绍商品或者紧跟着顾客后面都是不可取的，而且这样的销售人员也特别容易引起顾客的反感，会让顾客想逃离，对于这一类顾客给他们独处的时间，自由走动也是一种极大的享受。所以对于这些顾客，销售人员只需要放松，给顾客提供轻松自在的购物环境就可以了，但是绝不能离顾客太远，销售人员依然需要时刻关注顾客，在他们有问题的时候立刻出现，这也是成交的关键。

邮轮销售实战案例 1：

某日早上，第一次上船的顾客在航海日闲逛时走进了手表店，手表销售专员朝顾客走了过去。

销售：早上好！先生这几天在邮轮上玩得开心吗？

顾客：还不错，昨天岸上的景点挺有意思的。只是船上还没时间好好逛逛。

销售：那今天是航海日，船不靠岸的，您可以好好体验一下船上的设施和活动。

顾客：是的。今天准备在船上好好探索一番。

销售：船上有什么想要了解的我都可以帮您介绍，可以随时来找我。

顾客：谢谢啊，我不懂就来问你啊。

邮轮销售实战案例 2：

手表店的另一组顾客——中老年妇人带着六七岁的小孩。

销售：你们好，欢迎来到手表店。今天是我们航程的第一天，一切都还适应吗？

顾客：还行吧。我经常坐邮轮，但孩子第一次坐，吃的有些不适应。

销售：这样啊。咱们邮轮上餐饮种类很丰富，你们刚才是在哪里用餐呢？

顾客：去的就是 5 楼很大的那个餐厅。

销售：噢，那您去的是主餐厅。主餐厅主要是根据经典的邮轮风格提供西餐套餐，可能不太符合小朋友的口味，而且西餐上菜流程比较慢，小朋友应该是想早点吃完去船上各个有趣的地方玩玩。所以明天您可以带小朋友尝试一下 15 楼的自助餐，里面的选择很多，小朋友也可以选择自己喜欢吃的，吃完就可以去尽情地玩耍啦。

顾客：这个方法不错，谢谢你啊。

销售：不客气的。有什么问题都可以随时来问我，我叫 Wendy，平时都在手表店。

顾客：好的。

爱实践

和同学们进行角色模拟，扮演国际邮轮免税店的销售人员，用本专题所学的知识和技能练习欢迎顾客的场景。

专题3.2 发现需求

爱阅读

8旬柜姐退休熟客排队话别

日本百货公司女鞋专柜超级业务员、80岁的畦崎久子3月31日退休，她长期秉持“不是卖鞋而是专心倾听顾客需求”的想法获顾客好评，让许多熟客感到不舍并排队话别。

《朝日新闻》报道，被称为“80岁的偶像”的畦崎过去一直在宫崎市百货公司“宫崎山形屋”内女鞋专柜服务。畦崎曾离职20年，重返工作让她有时不知所措，例如曾发生交给顾客鞋子左右脚尺寸不同、弄错贩售金额等情况，但在反复失败下，畦崎学到“确实倾听顾客声音”的态度。

顾客坐下时，她会跪在地上倾听顾客的兴趣和期望；她接待时的言行举止都很优美，受到顾客及同事的好评。

重回职场五年时，她成为专柜契约员工，且在全日本约70间分店中，顾客数及销售额都属顶级，让畦崎在公司内部也享有名气。

畦崎谈到销售秘诀时说：“我想就是真心对待顾客，不是卖东西，而是专心且确实地倾听顾客所想。”畦崎会跟顾客愈聊愈深入，话题不光是鞋子，连他们的家庭及个人健康等情况都关心。这种人际关系的深化，让顾客逛百货公司时，就算没有要买鞋，也会先来跟畦崎聊天，之后再去自己要去的楼层。

畦崎不只在工作时间服务，她还依不同季节亲笔书写明信片，寄给超过300位熟客。

虽然公司规定员工退休年龄是70岁，但考量到“没有人像畦崎这么受欢迎”，所以当时罕见以特殊方式聘用畦崎。

畦崎打算未来透过明信片，跟熟客们一一传达自己退休的事：“过去这么长时间，感谢大家照顾，希望未来能在某个地方再相会。”

资料来源：腾讯网，2021.4.3

爱讨论

通过阅读以上内容，和同学们讨论：作为销售人员，我们需要怎样做才能更好地发现顾客的需求呢？

爱学习

知识概要

作为邮轮免税店的销售人员，我们要知道顾客在邮轮上购买产品是源于不同的需求。如果不了解顾客的具体需求，我们就无从选择合适的产品推荐给顾客。因此就销售人员而言，如何掌握这种需求，使需求明确化，是最重要的，也是最困难的一件事。很多时候，在邮轮免税店，顾客的需求是偶发的、随机的、需要被引导的。因此，邮轮免税店的销售人员通过有效的方式把顾客的需求挖掘出来，才能为后续的产品推介打好基础。

3.2.1 学会观察

在顾客走进邮轮免税店，我们按照前面的方法对顾客进行欢迎和寒暄后，在不知道顾客的具体需求之前，不必急于介绍商品，可以先对顾客进行简短的观察，对顾客进行初步的了解。

在观察顾客的时候，我们要很自然地进行，不可以让顾客感觉到我们在打量他们。观察的过程可以在与顾客寒暄、交谈和沟通之中进行。

我们需要观察的内容主要包括三方面：

（1）注意观察顾客的言谈举止、说话语气和表达方式；

（2）注意观察顾客的穿着、妆容、年龄和随身饰物以及总体气质；

（3）注意观察顾客的表情、肢体语言、动作幅度以及关注的产品。

通过对顾客的初步观察，可以对顾客的消费能力、偏向喜好和兴趣点有最基本的了解，但是仅仅通过观察是无法得到可靠的结论的，后续还需要通过提问和倾听的方式，与顾客进行沟通，细化和确认顾客的需求。

3.2.2 学会提问

1. 学会用合适的语气

在向顾客提问的时候，尽量使用柔和的语气，可以给人一种温暖委婉的感觉，尤其是在免税店中的高级品牌服务领域，则更需要注意这一点，可以在需要提问的问题前面加上“您好，不好意思打扰一下，请问……”

或者是针对顾客的某个兴趣点或者特点来进行提问，打开话题。比如遇到一位穿戴十分考究的女士，销售人员发现这位女士佩戴了一块非常漂亮的手表。此时销售人员可以自然地称赞：“您的手表真漂亮啊！我也一直想有一块这么漂亮的手表。”通过称赞来拉近与顾客之间的距离，继而提问：“您是在哪里买的呢？”来打开话题，通过交流建立与顾客之间的友好关系。

2. 学会高效提问，让顾客愿意回答

销售人员要想了解顾客的需求，最有效的方法就是提问，但是提问的时候，如何有效提问，而不冒犯到顾客并且可以找到顾客的需求呢？

销售人员需要避免以下几种情况。首先，问题过于生硬。在免税店中，经常会遇到销售人员问：“您喜欢真皮的还是布制的？”这类问题，顾客常常不会直接回答，原因主要是问题过于生硬，没有将问题委婉化。按照常理来说，通常这样的语气会给顾客带来一种强势的感觉，而作为弱势方的销售人员要问强势方的顾客很多问题，并且如此简单干脆，顾客不愿意回答也情有可原。其次，不注意提问的节奏。很多销售人员总是不注意销售的节奏，问题一个接着一个，这种提问方式不仅很难得到顾客的回答，而且会让顾客感到反感。再次，对顾客的回答没有回应。顾客对销售人员的问题做出回答，其实或多或少地表达了自己的需求，销售人员应该针对顾客的回答进行回应，接着再进行提问。但是很多销售人员的做法是顾客回答完一个问题后，没有对回答进行反馈，而是接着继续询问，不仅给予顾客很大的压力，而且会引起顾客的反感，从而失去这位顾客。所以在提问之初，不要抱着很强的目的性，不要让顾客感觉到销售人员是在强硬地想要推销产品以获取提成，而是应该让顾客感觉到销售人员是在像朋友一样设身处地地为他们着想，真诚地提出建议。

比如，在遇到一位想要给女朋友买包当作礼物的顾客，可以先询问他的女朋友平时的日常习惯，穿着喜好和风格来确定大概范围。比如顾客在皮包和布制包中犹豫不决，可以问顾客："您的女朋友平时的皮包多一些，还是布包多一些呢？"或者"您的女朋友平时是哪种穿衣风格呢？是更休闲一点，还是通勤多一些呢？"诸如此类问题，一步一步明确顾客的最终需求。

3. 开始提问的技巧

销售人员可以通过提问了解顾客的需求，可以按照以下方式进行：需求调查问题不要一次性全部抛出，而是应该陆续插入在对话当中。在接待顾客、介绍商品的时候，可以不经意将问题穿插在背景调查里面；需求提问必须循序渐进，从简单的问题开始慢慢深入，对于一些过于专业难以解答的问题，很容易会导致顾客不知如何回答，对此销售人员应该进行巧妙的提示。如果一开始就向顾客提出过于复杂的问题，那么顾客很可能"犹豫"，接下来的沟通就会变得困难。所以，通常用简单的问题打开顾客的"话匣子"，再进行商品的细节介绍，这样顾客的回答会更有效率。

比如一位销售人员遇到了一名明显对美妆护肤产品丝毫摸不着头脑的男士，销售人员的一通专业术语介绍只会让这名顾客更加不知所措和不耐烦，不如换一种简单明了的介绍产品的方式。例如，"这款产品就十分适合皮肤有些偏干的肤质，而且它的质地非常清爽，上脸之后也不会黏糊糊地让人不舒服。"等此类通俗易懂的解释和介绍。

当顾客有较为积极的回答时就要给予回馈，并且立刻展开话题，这也是一个重要的提问技巧。销售人员之所以需要一开始用简单的问题去打开顾客的"话匣子"，就是为了方便顾客回答，然后销售人员就可以顺着话题展开沟通，将简单的单方面提问变成有来有回的聊天，将气氛活跃起来。

4. 关于价位的提问

价位问题是需求问题的核心，作为销售人员是需要考虑到顾客的"面子"的，所以在提问时尽量避免询问顾客"您想买什么档次？"或"您要什么价位？"这样的问题，而应该通过"您是想要实用性比较强的还是功能比较多的？"这些方式进行询问，虽然两句话意思差不多，但是后者明显让顾客听起来更加舒服一些。

销售人员在提问顾客消费预算的时候，也可能给顾客带来一些压力和抵触情绪。那么我们不妨更加间接地询问顾客之前看过哪些品牌或商品。这种类型的问题，会带来意想不到的效果，也可以更好地找到顾客的需求点。其实道理很简单，通过了解顾客关注的同类品牌或商品，除了能更好地了解顾客的喜好外，也在一定程度上了解了顾客的消费预算和能够接受的价位。在这样的情况下，销售人员后续推荐的商品很容易符合顾客的预算和价格预期，可以更好地提升成交率。

5. “6W2H”提问法

what（什么）是指顾客想看什么、对什么感兴趣或者是有什么样的要求，所以可以根据商品的特点去提问。例如，“您喜欢什么款式的手表呢？”

why（为什么）是指顾客提出要求或者对商品感兴趣背后的因素，这也是作为销售人员需求调查的关键，因为只有销售人员真正了解顾客的需求才可以对症下药。例如，“为什么手表和戒指之间，您选择了戒指呢？”

when（何时）是指顾客使用的时间。例如，“您打算什么时候用这枚戒指求婚呢？”

who（谁）是指相关联的人。例如，“您是打算把这枚戒指送给女朋友吗？”

where（哪里）是指具体的使用地点。例如，“您打算在哪里用这枚戒指求婚呢？”

which（哪个）是指让顾客做出选择。例如，“您更喜欢这个公主切割的钻石戒指，还是其他的呢？”

how（如何）是指顾客准备如何使用商品或者做什么事情。例如，“您是打算把它当作求婚戒指吗？”

How much（多少）是与时间、费用、要求等有关的相关具体定义。例如，“您的预算大概是多少呢？”

按照“6W2H 提问法”操作其实非常简单，先提出一个很小的问题，例如 what、when、which 等，当顾客回答完立刻跳转到 why；当顾客把 why 回答完之后，就可以很好地针对顾客的需求推荐产品了，所以熟练运用此方法可以快速地了解顾客需求（图 3-4）。

图 3-4　利用“6W2H 提问法”销售商品

3.2.3　学会倾听顾客

1. 倾听的必要性

顾客光顾奢商店的真正目的除了“想找到适合自己的东西”的直接动机外，还有很多顾客是为了“通过购物来放松自己的心情，缓解疲劳”，而通过购物来放松心情的顾客占到了 90% 左右。所以，能否帮助顾客放松心情、解除疲劳，将直接关系到是否可以培养更多的常客。销售人员不仅仅需要提供轻松的购物环境，还需要让顾客享受到聊天放松。因此，成为顾客倾诉的对象也是工作的重要组成部分。

销售人员需要记住的是，与顾客的交流，其中八成是在倾听当中，而倾听是有效沟通的必要部分，以求思想达成一致和感情通畅。倾听能够创造一种安全温暖的气氛，使顾客能够打开自己的内心，更加坦率地表达真实的想法；倾听还能够向顾客反馈销售人员对顾客的尊重与关注，这会让顾客感到自己的谈话在销售人员心里很重要；倾听为销售人员与顾客间建立了互相信任的基础，在顾客心中树立了威信。可见，“上帝给了我们两只耳朵，一张嘴，目的就是让我们少说多听”这句话还是很有道理的，听有时候比说更重要。

刚开始从事销售工作，销售人员大都会心中胆怯，他们害怕自己了解得太少，在顾客面前不知道说什么而冷场，出现尴尬的沉默。其实，沉默并不可怕，说话太多才让人害怕。有些销售人员为了避免出现失误，会在顾客面前不断地说话，结果把自己所有的无知都暴露在了顾客面前，顾客知道你刚进入销售行业，对什么都不熟悉，怎么可能有信心购买你的产品呢？结果销售人员越想推销产品，越是推销不出去。

2. 倾听的技巧

“倾听”两个字看起来简单，但实际做起来并不容易。即便销售人员想与顾客达成共识，引起共鸣，但毕竟一个是买产品，一个是卖产品，对方不可能因为你认真倾听，就对你全面交底。所以，倾听是非常需要技巧的。倾听需要听到顾客的弦外之音，听到顾客内心的真实想法，才能够更好地做出回应，引起顾客的共鸣。作为销售人员需要做到以下几点：

首先，倾听最重要的就是倾听顾客的需求（图 3-5）。销售人员想要完成一次成功的销售，了解顾客的需求是最重要的。只有满足了顾客的需求，顾客才有可能购买商品。所以，在倾听的时候，要聚精会神，集中注意力，并且保持眼神交流，要不时地用动作向顾客示意自己听明白了。如果没有听明白，要及时提问，保持真诚的态度。同时，还可以通过重复顾客所表达的关键词，以表示你的关心和理解。这样才能给顾客留下一个好的印象，才能让顾客知道，你是在认真、仔细地倾听顾客的话，才能更好地获得顾客的信任。

图 3-5　倾听顾客需求

其次，要有耐心，尽量不打断顾客。有些顾客打开“话匣子”以后会滔滔不绝，遇到这种顾客，也要做到尽量倾听。顾客说的话越多，透露的信息也就越多，我们对顾客的了解也就越多。倾听过后，销售人员就获取到了关于顾客的足够信息，就能够充分了解顾客的需求，那么销售人员就可以为顾客提供最适合的产品，以及最佳的解决方案。一旦解决了顾客的需求，那么接下来的成交就是水到渠成的了。不过在这个时候，顾客往往会对细节方面的东西提出询问和要求。例如，“商品是否还有其他款式”“交货时间”“送货方式”等问题，如果顾客提出这种问题，那就说明顾客已经具有购买意向。此时就应该尽量满足顾客的需求，不要因为一些旁枝末节的事情让这次销售无疾而终。

再次，在倾听的过程中捕捉顾客的情绪（图 3-6）。一个人在谈话中，往往不可能直接表现他的目的与需求，而这个时候，捕捉顾客的情绪就变得非常重要。顾客的心情是好是坏，都有潜意识的体现，甚至会影响他在聊天中所用的词汇。针对顾客不同的情绪，采取不同的应对方案，才是上策。如果顾客表现出失望、低落，甚至对产品丧失信任，就要诚挚地向顾客道歉，承认自己的不足。顾客表现出失望，说明在顾客的潜意识里认为我们的产品不该出现这种情况。在解决问题的同时，你只要道歉，不需要太多解释，顾客就会满意。

图 3-6　了解顾客情绪

最后，通过言外之意抓住问题。很多时候，我们在进行销售活动时，从顾客口中都能获得对于产品的评价，或许是好，或许是不好，但是终归有个答案。但是也有的时候，一些顾客对于产品表现出模棱两可的态度，甚至会给出“还行吧”“挺好的”“还可以”这种答案。一个聪明的销售人员，在得到这种答案时，一定要警惕起来，尽管顾客表示“挺好的”，但是言外之意必然是还有一些不满意的地方，或许是对产品满意，但是对价格不满意；又或许是因为其他的原因。这个时候如果顾客在其他地方找到了更好的选择，一定会毫不犹豫地放弃现在的选择。所以，当你得到这种答案的时候，务必要追问一句：“您觉得还有什么问题吗？”此时只有追问，才能让顾客说出真正的原因。只有及时根据顾客的问题改善服务，才能留住顾客，完成销售任务。

我们在销售的过程中，讲究与顾客产生共鸣，但是连顾客在想什么都不了解，又如何产生共鸣呢？所以，最好的销售，不仅要会说，还要会听。每个人都想倾诉，有个人能耐心且认真倾听自己说话是非常愉快的。所以，倾听能够让彼此更加亲密。

邮轮销售实战案例 1：

销售：先生，您想先看看什么产品呢？

顾客：都说免税店买手表便宜，我先来看手表吧。

销售：是的，我们店里的手表三税全免，比陆地上的商店便宜不少呢。这么好的机会不要错过啊！

顾客：那我先看看。

销售：好的。您是给自己挑一块表手吗？

顾客：我自己倒还好，去年在香港买了一块。今天主要想帮我女朋友买一块。

销售：在香港买的是您手上戴的这款吗？确实很不错。先生您真的是很称职的模范男友。您女朋友一定很幸福。您是给她挑一块偏休闲的还是偏正式的手表呢？

顾客：休闲的吧。

销售：好的，那么我们看这边。这些款式都是比较休闲的，样式挺多的。请问您女朋友喜欢什么颜色呢？

顾客：黑色吧？我也不太记得。她不喜欢颜色太鲜艳的。

销售：好的，手表确实还是稳重一些的颜色更显贵重。对于功能方面有没有什么特殊要求呀？比如防水性能之类的。

顾客：主要是要好看，其他不太重要。她不怎么运动。

销售：好的，明白了。您是想给女朋友挑一块偏休闲一些的，颜色比较稳重的手表，而且要高颜值的，对吧？

顾客：是的，基本差不多就这样。价格不要超过一万块啊，还得留一些预算买其他东西呢。

销售：我们免税店各种产品都有，可以先看手表，然后其他的产品再一起看看哦。一万块人民币以内的对吗？那我们这边这个价位的还是有很多选择的。

邮轮销售实战案例 2：

销售：今天要挑选什么样的手表呢？

顾客：先不着急买，我们先随便逛逛。先大概了解一下。

销售：好的，不着急的。咱们第一天可以先大致了解一下。这边是时尚休闲手表品牌，像这几个品牌有好几款适合小朋友。对面的是瑞士经典名表，这几个品牌都是在国内知名度很高的。前面的柜台有一些高端品牌，右手边是偏运动风格的高端品牌。您都可以看一下哦，有什么想要详细了解的可以随时叫我。

顾客：好的，我先自己了解下，有问题再找你。

爱实践

和同学们进行角色模拟，扮演国际邮轮免税店的销售人员，用本专题所学的知识和技能练习发现顾客需求的场景。

专题3.3　推 介 商 品

爱阅读

一个会讲故事的珠宝导购如何给顾客介绍产品？

钻石之名来自希腊语，取“坚固无敌”之意。钻石有“宝石之王”的美称。围绕钻石的阴谋、战争、冒险故事和传说有很多，也是其他宝石所不能比拟的。

典故一

古希腊人相信钻石是陨落到地球的星星碎片，甚至有人认为钻石是天神滴落的眼泪，或者由天水或天露而来。在梵文中，钻石一词即为雷电之意，借以表达钻石由闪电而生的信仰。直至今日现代科学的发展才告知人们钻石并不是由天而降，相反是破地而出的。古人还相信钻石会生小钻石，连著名的科学家波义耳也相信此种说法。在 17 世纪，葡萄牙的探险家认为“钻石在接近地表处生长2~3年可长成”，并以矿工为何若干年后再返回老矿区仍可采到钻石为例证实这一观点。钻石是有生命的，为爱而凝结，因爱可以继续生长，这不是很好的寓意吗?

典故二

罗马人相信钻石具有战胜邪恶的力量，在远古时代，钻石被当成护身符，抵挡恶魔。传说，在这神力的保护下，可使人竞技胜利，获得力量、勇气、权力、财富、永生、青春永驻、美梦成真、幸福和友谊，等等。

典故三

更多的人认为钻石是天使的眼泪。当天使们被凡人的爱情所感动时，从天上掉下来的眼泪幻化成一颗颗闪亮的钻石。所以说钻石天生就是为爱而凝结的，也是爱的见证。

典故四

在希腊，有这样一种传说，钻石遍布在山谷中，由巨蟒守护，凡人的眼睛只要看着巨蟒便会死在它的目光里。只有机智坚忍的人，才能摆脱它们的守护获得钻石。在古罗马有关描写钻石谷的文章中写道，亚历山大在公元前350年征战印度时，曾在钻石谷获取到钻石。他机智地命令士兵用镜子把蛇的目光反射给巨蟒自身，将巨蟒杀死。而后又将羊肉块丢向山谷的钻石，之后跟踪抓肉的秃鹰，将其杀死而获得钻石。可见在古代传说中钻石是多么难得和珍贵，而且只属于有眼光的人。

典故五

在古埃及象形文字中，圈环表示“永恒”，之后戒指也有了“永恒”的意义。古埃及人相信无名指的血脉是通往心房的爱情之脉，而心脏就是爱情的领土。所以婚戒要戴在无名指上，象征爱情的火焰像钻石一样生生不息。同时在古埃及，订婚戒指和结婚戒指都算是一种契约象征，当男子给女子戴上戒指，就表示她是我的人了。据说爱神丘比特的箭头也正是因为镶满了钻石，才具有征服爱的魔力。

典故六

钻石——金牛座的象征。1278年，西班牙学者通过对古巴比伦文化的研究发现，古巴比伦人认为，钻石为双子星座的第三面目，也视其为金牛座的第一象征。佩戴钻石者好猎，技艺精湛，受人敬重。当土星运行到这个位置，适时上升，与月亮成60°或120°时，佩戴者身穿盔甲，肩背弓箭，神力倍增。

典故七

钻石魔力和宗教传说。净度：古人视钻石为最纯净之物，许多文明者认为唯有肉眼看不见内含物的钻石，才有价值，带有“瑕疵”者，代表厄运。外形：完好的八面体原石是自然界中最完整的物体，它象征着秩序、祥和。亮度和火彩：无色透明，结晶良好的八面体钻石，即使不加切磨也可展露其良好的亮度和火彩，因此钻石被视为明亮的象征。硬度：战士和魔术师认为钻石的坚硬是无法征服的象征，哲学家认为其意味着人类生命深不可测的奥秘。

小结

哲学家柏拉图有句话说：“钻石是一种生命，它是天意的化身。”钻石是最美丽的宝石，所以 13 世纪法国颁布法令，只有国王和圣母才被允许佩戴钻石。根据比利时的钻石高阶层会议联盟（HRD）公布的一个数据：要将 250 吨的岩石、沙和砾石处理后，才能得到一克拉的钻石。一颗钻石从开采、分选、加工、分级、销售，最后到我们消费者手中，要经过 200 万人的手，再加上钻石漫长的形成过程和其发现的艰难，天然钻石的珍贵也就不难理解了。

顾客不喜欢钻石或者购买意愿不强烈是因为不了解钻石，所以我们必须对顾客进行引导和讲解。若想进行很好的引导，我们自己得深刻地理解钻石文化，正是因为有了这些文化才让我们璀璨的钻石更添活力，正是因为有了这些文化，才让我们在销售中更加有底蕴！

资料来源：搜狐网，2019.6.17

爱讨论

阅读了以上内容，和同学们讨论，为什么推荐商品的时候需要讲故事呢？

爱学习

知识概要

推介商品是每位商品零售人员的必备技能，也是邮轮免税店销售人员为了成单使用的“撒手锏”。然而，推介商品的方法不是千篇一律的，即使是同一种商品面对不同的需求群体，我们推介的卖点也不尽相同。在推介商品的时候，我们首先要了解顾客的类型，根据不同类型的顾客采取不同的推介策略。其次，在推介商品的时候，我们要注意从商品的特性、对顾客的好处这两方面着手推介，并且可以通过讲故事的形式，升华产品对顾客的价值。最后，还要避免一些常犯的错误，例如没有做到以顾客为中心等。

3.3.1 了解顾客的类型及相应的推荐方法

1. 慢拍型

这种类型的顾客通常有足够多的购物时间，所以一定要配合顾客的节奏。在认真听取对方需求的基础上，向顾客推荐足够自信的商品，而绝不能采取强行推销的策略。

例如，一位顾客可能连续好几天都来光顾和询问某种商品，切记不可对这类顾客产生厌烦的情绪。要一直保持积极友好的态度面对顾客，保持与顾客的沟通。在顾客最终信任你的时候，他们才会毫无顾忌地消费。

2. 忙碌型

这类顾客通常没有多少富裕的时间，也已习惯于高效率的运作模式。对此类顾客要特别注意服务用语和服务态度，举止动作要敏捷，绝不能让顾客等候。真正的营销专家不会跟着顾客，而是始终以优雅的举止为顾客专心致志地提供服务。正是这种积极努力的服务态度，才能有效地消除顾客的焦虑。

3. 沉默型

虽然不清楚顾客心里到底在想什么，但可以通过察言观色大体了解对方的喜好。或者也可以具体问一些如“您喜欢该商品的哪一点呢？”等问题来引导对方（图 3-7）。一旦对方给予回应，马上针对其问题点进行说明，以便消除顾客的疑虑。比如，如果顾客觉得口袋的设计有些别扭，可以马上解释道：“口袋设计在这个位置，可以显得腿比较修长”等。

图 3-7 沉默型客人

有时顾客只是在销售人员介绍产品时保持沉默，不想产生沟通，介意私人的边界受到打扰。有些顾客会明确表达“我想自己看一下，不要跟着我了”，这时销售人员可以适当的给顾客留些自己的购物空间，为顾客提供舒适的消费环境。

4. 开朗型

这类顾客十分热情，是非常好建立友好关系的，他们有很强的表达欲。这时最重要的一点就是耐心倾听，切记不要说话多于这类顾客。首先就是不要打断顾客的话，要认真耐心地听。先跟着顾客的节奏听完，再巧妙地引导顾客回到自己的主题上并进行营销，这才是专业人员应当采取的方法。

例如，顾客在开心地和销售人员分享自己下船以后马上就要参加朋友的生日聚会时，可以很巧妙和自然地询问：“这么巧啊！那您打算从邮轮上给您朋友带什么礼物呢？要是他知道这是您从邮轮上给他带的，那多浪漫啊！”

5. 知识丰富型

这类顾客往往愿意向营业员传达自己所掌握的一些商品信息。这并不是为了炫耀，而是告知营业员“我知道”这一事实。这时，应该予以充分肯定，如利用“您了解得真详细”等口气肯定顾客，而不是非要表现出我比你更在行的态度。最后在充分把握顾客喜好的基础上，推荐恰当的商品。

例如，遇到了一位专业收藏手表的顾客，不要害怕自己的专业知识有限。用真诚的态度和顾客沟通，销售人员甚至可以适时向顾客请教专业问题，并巧妙地询问："我们这里也有一款收藏的限量款，您要不要看一下？"

6. 权威型

对于这一类顾客，销售人员要特别注意服务态度和服务用语。其实，这类显得非常有气势的顾客，其内心深处往往有一种"我可不想被当成傻瓜"的忐忑心理。不要和顾客比气势，而要谦虚恭敬地接待顾客。顺应顾客的话题，如果顾客明确表达"我就是喜欢金表"，销售人员切记不可讲"戴金表很没品位。还是佩戴这个品牌的手表才是地位的象征。"而是应该顺应客户的话题，"金表确实是保值的，甚至还有一定的升值空间。您理财应该也很厉害吧。"用此类的话来进一步巩固和顾客之间的关系。

7. 慎重型

这类顾客从内心深处总担心"会不会被强行购买昂贵的东西"，而且这种疑虑往往会明显地写在顾客的脸上。最关键的是要准确把握顾客所疑虑的问题。只要你能充分地说明设定这种价格水平的理由或依据，顾客的疑虑通常会被消除。

特别是不仅要强调商品的优点，同时还要说明商品的不足，这样更容易赢得顾客的信赖。例如，"真丝品最怕水，所以它并不适合在雨天穿"等。

如果顾客反复在一个偏贵的商品和一个价格偏低的商品之间纠结。销售人员可以把两款商品摆在一起，然后将它们的优缺点分别直接讲出来让顾客自己思考和做决定，用真诚的态度进一步打动顾客。

8. 犹豫不决型

这类顾客往往对自己的判断没有自信，目光在不同商品之间游动（图 3-8）。这时最重要的是，营业员推荐商品一定要非常自信。在高度提炼商品优点的基础上予以说明，并向顾客提出"我认为这款比较合适"等建议。或者同时挑选两款推荐给顾客，如"您相中哪一款？""您喜欢哪款？""我认为这款不错？"等。绝对不能强行推销，因为凡是消费者，都希望最终由自己来做决定。

图 3-8　犹豫不决型客人

9. 腼腆型

对待这一类顾客，销售人员需要按照顾客的节奏，安静而从容不迫地予以应对，并引导顾客放松心情。

10. 自我主义型

在充分尊重对方的意见或心情的前提下给予推荐。要利用类似于“您是不是喜欢这类款式呢？”等问题，以争取对方意见的形式慢慢推进双方的谈话。如果对方没有征询你的建议，要做到倾听而不干涉，保持态度的友好真诚；而当对方征求你的建议时，一定要自信满满地予以回应。

11. 逻辑思维型

商品说明要简单明了，条理清晰。这类顾客大都只要掌握必要信息，就能迅速做出决定。所以，解释要高度概括，推荐理由要明确（图 3-9）。

12. 难缠型

有些顾客光顾店面的主要目的是发泄。他们会以非常苛刻的语言，将发泄的矛头直接对准销售人员。这时一定要沉住气，要牢记对方是尊贵的顾客。即便对方说的话比较刺耳或令人不快，也不能显出焦躁不安。

图 3-9 逻辑思维型客人

3.3.2 推介商品的方法

1. 了解产品的特性

在邮轮免税店里，琳琅满目的商品都是被精挑细选后陈列在货架上的，每样商品都有自身的特性。商品的特性包括商品的设计、构造、材质和功能等。比如手表的防水性能、珠宝的切割工艺和净度、手袋独特的形状设计和威士忌的调和工艺等。同样，除了产品本身具备的特性外，商家对产品的保修政策，比如一年的质保期限，也属于商品的特性。

作为国际豪华邮轮免税店的销售员，我们要对自己售卖的产品的特性进行充分的了解和熟悉。这样就可以根据之前了解到的顾客的需求，选择出符合顾客需求的产品（图 3-10）。

例如，如果顾客之前透露想要一款用于商务场合佩戴的手表，搭配正式着装；同时要有高端的功能来凸显自己的品位。那么销售人员就要在邮轮免税店里在售的众多手表品牌中筛选出用于搭配正装、表盘相对简约，但是具有一些复杂高端功能特性的手表。这些款式的手表除这些特性以外一定还有很多其他的特性，但是我们在进行介绍的时候一定要把顾客最关注的这些特性强调出来。

2. 介绍商品对于顾客的益处

我们之前说到，通过前期和顾客交流，挖掘顾客的需求，我们能够了解顾客的关注点，并且能在邮轮免税店的众多商品里筛选出具备匹配顾客关注点特性的商品。

图 3-10　了解产品的特性

但是我们在介绍商品的时候，如果只是介绍这些特性，顾客未必能够认知或者感受到这款商品对顾客的价值。所以我们要更进一步，更加明确地把商品对应顾客需求的特性以及能够给顾客带来的益处，通过生动的描述更加直白地说出来，让顾客切实地感受到这款商品由于具有某一种或者多种特性给其带来的益处，能够满足顾客的需求（图 3-11）。这样才能体现该商品对顾客所存在的价值。在顾客最终做决定的时候，一定是为产品的价值所买单的。

图 3-11　介绍商品对于顾客的益处

我们常用的介绍商品对于顾客益处的表达举例如下：

- 这款防晒霜的防晒系数可以让您更久地在阳光下活动，并保护皮肤不被晒伤。
- 镶钻的设计能够让您在社交场合更加闪耀动人。
- 这款手表能够让您无论是在运动还是在海滩嬉戏时都不用担心它的防水性能。

由于顾客的需求不同，所关注的产品特性也不同，所以同一款产品对于顾客的益处是不一样的。即使是同一款产品的同一个特性，针对不同顾客的需求，对顾客的益处也是不一样的。我们介绍产品益处的时候，一定要结合对顾客有价值的特性，把能匹配顾客需求的益处介绍给顾客。

例如，一款手表具备防水的特性，但是对于不同的顾客产生的益处是不尽相同的。对于经常要给孩子洗澡的顾客，这款手表可以让顾客在做给孩子洗澡时仍然戴着它；对于经常要进行园艺活动的顾客，这款手表可以让顾客在做园艺和浇花时戴着它；而对于运动爱好者而言，这款手表可能的益处就在于顾客在锻炼的时候一样可以戴着它。

3. 学会讲故事

很多时候，我们在介绍完产品的特性以及对顾客的益处后，商品对于顾客的价值得到顾客的认可，顾客就会为此买单。有不少情况，顾客虽然对于商品非常认可，但是由于价格、预算和购物计划等因素，顾客仍然无法做出立刻购买的决定。这时需要我们调动顾客的购买热情，让顾客的购买情绪继续升温。

在这种情况下，我们要通过讲故事的方式，调动顾客感性的情绪部分，从而冲破原来由理性主导的预算和计划的限制（图 3-12）。因为通过讲故事来构建画面，能以更加生动有趣的方式，引起顾客对商品感性层面的关注，潜移默化地引起顾客情绪和情感的共鸣。

讲故事的时候虽然是从感性上影响顾客，但是故事本身也是需要有逻辑性的。我们需要讲的故事其实是之前介绍的产品的某个特性，结合了顾客的需求引发出来的对顾客的益处的延伸。比如，当我们了解到一名顾客想挑选一款名气响亮、技术含量高、牢固可靠并且符合他预算的知名品牌运动手表时，作为销售，如果要推荐某品牌知名系列的产品，除了要突出该品牌的国际著名度高外，还需要让顾客了解到该品牌的品牌效应能够给他带来凸显身份的益处。如果这些不足以打动顾客，让他下决定购买，不妨再结合品牌的光荣历史，升华产品的价值。

通过品牌的历史故事，可以把品牌价值升华，这样对于顾客来说，即使价格有一些超出预算，但是也是很有可能为了信仰和梦想买单的。

图 3-12　学会讲故事

3.3.3　在推销商品中应该避免犯的错误

1. 以自我为中心

很多销售人员在刚入职时，经过一段时间的专业培训后，很多时候会不自主地站在自己对商品十分了解的基础上，很全面地介绍商品的特点，以及自认为其与众不同的优点。但是很多时候却忽略了顾客的需求，而针对顾客的需求点进行介绍才是顾客最想知道的，很多销售人员却忽视了这一点。

对于顾客来说，值得买的不一定就等于想要买的，顾客只有看到商品的益处恰好符合自己的需求才会购买，所以在推销时，对商品的了解必然重要。但是如果只把注意力放在不择手段地把商品推销出去而不管顾客的真实需求的话，不仅会永远失去这个顾客，也会导致产品品牌的形象受损。

所以为了避免这个错误发生，首先就是做到能够认真倾听顾客的需求，其次找到打动顾客的关键点，在交谈中顺着顾客话语的思路进行介绍，这样才能让顾客最容易接受，这种推销才是高效的。

2. 不了解竞争商品

销售人员在给顾客推销自己的商品时，首先要了解其他竞争品牌、竞争商品的价格以及特征，这样对自己商品的情况就会更加胸有成竹，在与顾客的沟通当中可以有目的性地进行对比，以促成商品的成交。

了解竞争商品的特征的同时，也需要了解自己的商品在同等档位的商品中具有的优势。当顾客知道市面上还有很多其他同档次的商品而产生比较心理时，销售人员多半会通过贬低别人的商品来夸赞自己的商品，说话方式不对反而容易引起顾客的反感。所以销售人员在进行商品对比时一定要非常的客观和合理，采用数字化数据的介绍以及详细的分析加以解释，让顾客可以清晰地比较两者的差别。

销售人员可以通过以下几点去了解商品的特性：设计（即颜色和尺码）、原料、质量、功能、创新性和实用性、品牌、商品的产地、制造商、价格等。突出自己销售商品的优点，站在顾客的角度设身处地地为顾客着想和分析。只要在顾客心目中我们所推销的商品比竞争商品更有优势，那么在顾客心中出现再多竞争商品也不会有很大影响。

了解各商品的特性，认真站在顾客的角度分析，才能让我们的商品在竞争当中脱颖而出。当然，真诚的态度最容易打动人，如果顾客被销售人员的态度打动，他们有时甚至会忽略竞争品的优缺点。

3. 没有让顾客加入感受

我们在用语言描述和介绍商品的时候，语言即使再生动，也不如搭配实物让顾客亲自去感受的效果来得明显。

销售人员要利用自己推销的商品来引起顾客的注意和兴趣。与其销售人员不停地卖弄自己对商品的了解，不如让商品做“自我介绍”，让商品自己的魅力去打动顾客。

在介绍商品的同时，要让顾客尝试和感受商品（图 3-13）。可以从视觉角度介绍商品，比如让顾客看到彩妆呈现在自己脸颊的样子；从味觉角度介绍商品，比如让顾客品尝巧克力的丝滑浓郁和洋酒的香醇；从嗅觉角度介绍商品，比如让顾客闻到香水独特诱人的香味；以及从触觉角度介绍商品，比如让顾客触摸衣服或者皮具的材质等方式，调动顾客的感官，体验商品带来的舒适感受。

例如高端品牌的项链销售，我们如果只是展示项链的外观以及介绍项链内部科技、生产地址，而不让顾客自己体验项链的质量以及上手的感觉，就难以让顾客下决心购买。很多时候，销售人员会一直执着于专业介绍，而顾客也没有主动地进行体验，这个点就会很容易被销售人员所忽视。

而为了让顾客有最好的感受，销售人员需要做到以下几点：准备好商品，在销售人员拿出商品做示范或者让顾客试用之前，需要细心地检查商品是否正常，如果展示商品因本身存在问题，在顾客体验的时候就会给顾客留下对商品不好的印象；示范使用，当销售人员向顾客介绍商品的性能以及新功能的时候，顾客总是会集中注意力，例如展示手表的新功能，销售人员展示前先示范一遍新功能的使用，然后给顾客体验，再让顾客佩戴（图 3-14）。这样顾客在试戴时，加入自己快速学到的新技能进行使用，可以留下较为深刻的印象。但也要注意，对于手表、珠宝等名贵商品，这种方法只可用于销售人员有足够的精力放在试戴的顾客身上时，如果太过忙碌时不建议使用这种方法，以免造成商品的破损和遗失。

图 3-13　让顾客亲自去感受

在让顾客进行体验的时候，我们也要用描述性的语言来渲染商品的特点（图 3-15），这样一方面可以让顾客有重点地去感受商品的特性，另一方面也可以强化这些产品的特点，让顾客通过这样的暗示对商品的特点更加认可。

比如我们在描述一款烈酒口感的时候，如果仅仅用“口感很好”，对顾客来说是没有想象空间的。但是如果我们用“入口丝滑柔顺，回味持久醇厚”这样的描述，就能让顾客在品尝的时候通过语言引导和心理暗示确实感受到这款酒极具特色的口感。或者代入更日常生活化的情节来突显商品特性，比如在推销威士忌时可以边让顾客试饮，边告诉顾客：“有时候，我们经常聚会喝白酒觉得单调想换换口味，威士忌就是很不错的选择。而且这款威士忌的喝法还有很多，聚会的时候朋友在一起还能调调酒，玩一玩，大家的口味都能照顾到，不仅喝酒开心了，也玩得更尽兴了。”

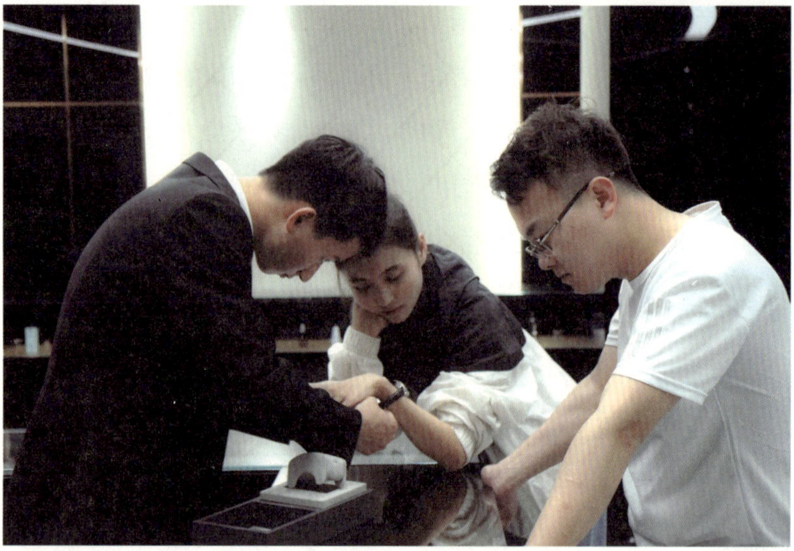

图 3-14　给顾客试戴手表

图 3-15　用描述性的语言来渲染商品的特点

商品的制造商设计决定了商品的特性，只有顾客认可才可以确定它的益处，也正是因为每个顾客都有自己的需求和喜好，所以销售人员需要让顾客亲身体验商品的优势，这样顾客才可以对商品有较为感性的认识。

邮轮销售实战案例 1：

销售：先生，您看一下这个系列的皮带机械表。

顾客：是哪一个呢？

销售：我拿出来给您看一下，这是我们店卖得很好的一款手表。

顾客：嗯，我来看看。

销售 : 这款手表的表壳是玫瑰金镀层的，女朋友配戴起来既时尚又典雅。

顾客：嗯，这个颜色她很喜欢，我觉得也不错。

销售：拱形蓝宝石表镜，带防眩目涂层，别具匠心的设计，很凸显您的品位。您选这块手表女朋友一定会喜欢。

顾客：这个设计不错，这款手表我之前还没怎么看到过。

销售：这款最近在国内还挺火的，是代言人同款哦。我们有很多顾客来店里专门就要买这一款。

邮轮销售实战案例 2：

销售：女士，如果您要带两瓶洋酒回去送人的话，可以选择我们店里卖得最好的这个品牌的洋酒！

顾客：洋酒我不太懂，这个具体好在哪里呢？

销售：这个品牌的威士忌是全球首屈一指的高级威士忌，这个系列也是全球免税店销量较高的高级威士忌，在国际更是屡获殊荣。

顾客：是吗？这个我好像在哪里见过，有点印象。这个味道怎么样呢？

销售：这是典型的苏格兰威士忌，原料以麦芽为主，采用四十种优质威士忌调配而成。具有苏格兰威士忌中典型的泥煤和烟熏味，同时带有清新丰富的花果香，其味道复杂多变，纯饮可以让您感受到它的口感甘冽、醇厚和劲足。

顾客：听起来很专业，但是我送人的时候没办法给人家讲得这么深奥，我也记不住啊。你告诉我这个具体怎么喝比较好喝呢？

销售：传统的喝法是直接喝或者加冰块喝，也可以在酒中加入柠檬片和方糖，糖可以中和酸味，柠檬可以给酒带来清新香味。这款威士忌非常适合多样的创新喝法。

顾客：那真不错啊！

销售：是的，这款威士忌拥有近百年的调配技艺传承。外观简约大气，价格实惠，是为您的朋友带来经典威士忌享受的高性价比之选。

爱实践

请同学们进行角色模拟，扮演国际邮轮免税店的销售人员，用本专题所学的知识和技能练习推介商品的场景。

专题3.4　处理顾客的异议

爱阅读

你说的“价格”都换成这个，分分钟签单！

在你与客户谈到成交阶段的敏感话题——即需要客户预付的金额时，最明智的做法就是想办法把金额的总数分解转化成客户将得到的利益，从而淡化客户的敏感度。

通常，在一个交易中，买卖双方争议的焦点大多集中在产品的价格上。

无论你的产品定价多少，买方都总会嫌高。“太贵了！”这恐怕是任何一个推销员都曾遇到过的最常见的异议。

在这种情况下，是降价销售还是看着客户离去？

“我会让客户在一点儿优惠都没有的情况下满意地签单。”销售大师齐格·齐格勒说。

他是怎么做的呢？答案不着急揭晓，先让我们听听齐格·齐格勒讲述一段亲身经历。

1968 年，齐格·齐格勒和妻子刚到达拉斯的时候，他们急需购买一套房子。

当时，他们商定准备最多花 2 万美元来买房子。开始看了几套都不太满意，后来齐格·齐格勒因为工作脱不开身，买房子的事就由妻子负责了。

有一天，他下班回来，妻子带着一脸兴奋问：“亲爱的，如果有特别合适的房子，我们还可以再多投资多少钱？”

“最多 2 000 美元，不能超过这个数。2.2 万美元可不是个小数目了。”齐格·齐格勒说得很坚定。

“亲爱的，我找到属于我们的家园了，它真的棒极了！它拥有 4 个房间，每一个房间都有一个大衣橱。而且还有宽敞的后院，那里足够盖一个大的游泳池，你不是一直说要有这样的游泳池吗？”

“它的要价是多少？”齐格·齐格勒关心的是价格。

“亲爱的，你亲自去看看才会知道它有多好。客厅特别大，车库也很宽敞，除了可以停放我们的两部车外，还可以放置我们所有的工具。还有，亲爱的，主卧室非常大，我们得要有一部坐在其上操纵的吸尘器才行！”

“但是，亲爱的，”齐格·齐格勒再次打断妻子的话，“它要多少钱？”

“3.8 万美元，亲爱的。”

“天啊，比我们的预算整整多出来 1.8 万美元！”

“但是你一定会爱上它的。最棒的一点是，车库那儿还可以盖一间小办公室，你可以在里面写作，你不是一直说要写些东西吗？”

在妻子的软磨硬泡下，齐格·齐格勒决定让妻子带他去看看，其实他也只是为了应付一下妻子而已，因为他觉得太贵了。

妻子首先带他来到了客厅：“亲爱的，看看，这个客厅有多大！还有，那些横梁是不是很漂亮？”

“你再看看你的写字台，它的旁边满是书架，可以放置你的书。”还未等齐格·齐格勒张嘴，她又接着说。

妻子又把他拉到主卧，有些激动地说：“亲爱的，看看这个房间，它足够放一张最大号的床，我们还可以把我们那两把椅子及那张桌子放在这里。这真是太完美了，我们早晨醒来时可以在这里喝一杯咖啡，多美好的生活啊。”

在妻子的心里，她已经把这套房子当成了自己的家。

随后，妻子又带领他来到后院。

“将来我们可以在这里建一座你喜欢的游泳池。喏，那边是车库，是不是可以停放两部车子？看，那边还有一大块空地，我们可以建一间你一直想要的办公室。”妻子指着宽阔的后院兴奋地规划着。

在参观完房子回家的路上，妻子抓着齐格·齐格勒的手，满眼的期待。

“亲爱的，你觉得怎么样？”

“的确是个漂亮的房子，但是价格太高了。”其实，说实在的，那时齐格·齐格勒也已经喜欢上了那套房子。

虽然妻子没说什么，但齐格·齐格勒知道她不会就此罢休的。

第二天在早餐桌上，妻子突然问他："亲爱的，我们会在达拉斯住多久？"

"嗯，至少 30 年吧。"当时他 40 岁，他觉得自己至少还有这么多年。

"那么 1.8 万美元除以 30，每一年是多少钱？"她问。

"600 美元。"

"那一个月呢？"她继续问。

"50 美元。"

"一天呢？"

"大约是 1.7 美元。算这个干什么，亲爱的？"齐格·齐格勒其实有些明白妻子的用意了。

"亲爱的，我可以再问你一个问题吗？"

"当然。"

"亲爱的，为了我的快乐和幸福，你愿意每天多花 1.7 美元吗？"

结局不用说了吧。

齐格·齐格勒曾说，在他几十年的推销生涯里，第一个重要的推销技巧是从他的妻子那里学来的。那就是：如果你不想降低价格销售你的产品的话，就必须向对方证明，你的产品价格是合理的，值那个价格。

强化客户收益心理的"加""减""乘""除"

一、乘法策略：给客户的"伤口上再撒上一把盐"

做"乘法"的方式，就是将客户的麻烦变成燃眉之急的问题。从心理上看，这种方式就相当于我们在客户的"伤口上再撒上一把盐"，那么赶快寻找解药就成了客户的必然选择。

二、加法策略：帮客户进行利益汇总

"加法效应"，顾名思义，就是将相关因素做汇总，提升商品带给客户的价值感。其中，推销员要从两点入手：汇总你的商品能给客户带来的利益；累计客户面临的种种问题。

三、除法策略：将客户的投入进行分解

除法策略是一种将客户的成本进行分解的技巧。将客户的投入进行分解的策略，要根据客户的具体情况灵活运用。分解的方式也有很多种，比如按照时间（每年每月）、使用人数、部门等进行分解。这种策略可以让客户感觉到划算。

四、减法策略：将附赠价值从客户的投入中扣除

很多商品都会附带赠品和免费的服务。客户心里想要的，除了商品本身的价值外，还包括这些额外的价值。推销员在帮客户计算最终投入的时候，应该运用减法策略从商品价格中减去这些数字，让客户感觉自己的投入实际并不高。

资料来源：搜狐网，2017.6.9

爱讨论

请同学们讨论，顾客常见的异议有哪些？可以尝试用哪些方法来处理顾客的异议呢？

爱学习

知识概要

当我们在给顾客推荐和介绍完商品之后，最理想的结果就是顾客直接决定购买。但是在很多情况下顾客会有意或者无意地提出很多异议，这些异议如果我们处理不当，就变成了阻碍成功把商品销售给顾客的绊脚石。所以作为国际邮轮免税店的销售人员，掌握处理顾客异议的能力尤为重要。首先需要了解邮轮免税零售领域常接触到的顾客异议的类型，然后再去剖析出现这些异议的原因，最后归纳出对应这些异议的方法。

3.4.1 常见的顾客异议和原因

1. 预算异议

这里预算异议指的是顾客对支付能力的异议（图 3-16）。往往这时候顾客是认可商品的价值和价格的，只是目前的财力和预算确实不足以支持购买该商品，表现为诸如“这个商品我很喜欢，但是超出我的预算了”“这真是一块好表，但是这次没有带这么多钱，现在确实买不起”等。

2. 价格异议

价格异议和预算异议有相似的地方，都和金钱有关，但是价格异议出现的原因并不是顾客没有足够的财力去购买，而是顾客觉得商品的价格高于他的预期或者在其他地方能以更低的价格购买到相似甚至相同的商品。价格异议的主要表现为“这个太贵了！”“我看网上

卖得更便宜。”“这个没有优惠吗？”

图 3-16　预算异议

3. 产品异议

产品异议指的是顾客认为产品本身某些方面不能满足自己的需求或者要求。比如“这个颜色太老气了，我不喜欢。”“这个材质我觉得不够舒服。”“这块手表的表盘太大了。”

4. 时间异议

时间异议指的是顾客对购买时间的拖延。这样的异议在国际豪华邮轮免税店里面经常出现，因为顾客会在邮轮上待上一整个航程，一个航程往往会持续 3~14 天，所以顾客可以通过时间异议作为拒绝的借口。顾客也可能是因为希望再看看后面几天是否会有折扣。时间异议的表现形式为“我再看看吧，等过几天再来买。”“我先不着急买，等需要的时候我来找你。”

5. 决策权异议

决策权异议是指顾客以缺乏决策权为理由而提出的异议。可能是顾客确实不具备购买该商品决策的权力，或者是顾客对商品的价值、价格或者其他方面不满意而拒绝的借口。决策权异议的表现为“这是给我孩子买的，我得去问问她喜不喜欢。”“这么贵重的东西我要跟我太太商量一下才能决定。”

6. 通用异议

通用异议是个非常常见的异议，当顾客不想给出具体异议的原因时，往往会说“我再考虑考虑”。从这样的异议中，我们无从知晓顾客具体的顾虑是什么，所以需要进行进一步的沟通来确认顾客的顾虑或者异议具体是哪个方面，再用解决哪一方面异议的方法去应对。

3.4.2　处理异议的态度

1. 对自己商品有自信

销售人员要对自己及自己的商品有信心（图 3-17）。如果销售人员自己都对商品不自信的话，肯定会在与顾客讨价还价中败下阵来。而且，销售人员的自信也会让销售人员坚持自己的原则，面对顾客的讨价还价，不会无限制地降价，不然自己肯定会吃亏。只要是货真价实的商品，就应该坚持自己定出的价格。

图 3-17　对自己的商品有自信

不管顾客是什么态度，销售人员需要一直微笑着为顾客解答问题，排除异议。即使有的顾客一直抱怨价格或者商品有瑕疵，有的销售人员也可以转败为胜，让顾客完成成交。这源自他们对自己的商品充满自信。有时候，顾客还价也是为了拒绝。为了拒绝热情推销，有时顾客会还一个非常低的价格，让销售人员知难而退。这时千万不要认为顾客还价了就有戏，一个劲地进行游说。在这种情况下，再多的努力往往都是徒劳无功的。

总之，在销售过程中，销售人员不仅要带上自己的眼睛，还要带上自己的脑袋。要多观察，多思考，多总结。既不要轻易相信顾客的“不错不错”，也不要轻易放过顾客用小瑕疵借题发挥的机会，要对自己的商品充满信心。

2. 对顾客永远保持耐心

很多时候，当顾客对我们的商品产生异议，我们作为销售人员很容易为了促成交易而不等顾客说完便开始进行争辩。虽然顾客的异议的确存在着对商品的否定，但是也会透露出自己的需求，所以保持耐心听顾客说完对商品的异议，也是排除异议走向成交的重要一步。当销售人员听到顾客有反对意见的时候，销售人员要耐心听、仔细听，了解顾客的疑问，当顾客重复提出同一个疑问时，解除他的疑问（图 3-18）。所以耐心听、仔细听是销售人员对顾客的一种尊重。

图 3-18　对顾客永远保持耐心

如果顾客只是单纯地挑问题，不说出问题，说明对方的异议是假的，是一种习惯性的购买方式。因为据调查，在反对意见当中，47.2% 的顾客是本能、无意识地嫌贵，例如，一支名牌的口红，销售人员说 15 美元，顾客也会觉得贵。有人会质疑，万一顾客说贵是真觉得贵呢？真的也无妨，顾客要是真的觉得贵，一定还会反复提到，这个时候再去解决顾客的反对意见。

3.4.3 处理异议的方法

1. 预算异议

如果顾客确实认可商品的价值，只是由于预算不够，当下的资金确实无法购买心仪的商品，我们可以从以下几个方面去应对顾客的异议。

首先，我们可以从专业导购的角度来帮顾客重新规划消费预算。顾客来国际豪华邮轮度假，一般会有一个度假消费的总预算。而在这个总预算里面，又会细分成购物、酒水、观光、娱乐和水疗等分类的预算。如果顾客在其他领域里面预算占用得比较多，那么留给免税店购物的预算就会较少。所以在顾客看到心仪的商品的时候，我们可以给顾客建议，调整一下之前规划的消费预算，比如在邮轮上少购买一份酒水套餐，在免税店里面的消费预算就能多二三百美金甚至更多。

其次，我们也可以鼓励顾客提前透支未来的购物预算。毕竟顾客在邮轮免税店遇到了自己心仪的产品，并非常认可其价值，那么不妨先买来享受起来。但是在未来一段时间内，对同类产品的消费可以做出相应的克制。这样既能够更久地享受商品，也不会留下遗憾。同时，销售人员可以强调这件商品不仅仅是一款商品，而是他们对于整个开心愉快的邮轮游玩经历的浓缩回忆。除此之外，也可以强调商品背后的故事，从而进一步打动顾客。有些人可能不会为了一枚戒指而支付 300 美金，但是所有人都会为一段可以铭记终生的美好回忆而心甘情愿地掏出 300 美金。

最后，如果顾客确实无法承受该商品的价格，那么我们也可以给顾客继续推荐一款价格在顾客预算范围之内，但是某些对于顾客不是非常重要的特性，与之前商品相比稍逊一筹的商品，让顾客退而求其次。这样既能让顾客满足自己的需求，同时价格也是顾客可以承受的。

2. 价格异议

处理价格异议，我们首先要确认顾客是真的对我们所推荐的商品感兴趣，然后再跟顾客讨论价格的问题。因为如果我们没有确认顾客确实已经认可了产品的价值，一遇到顾客说价格贵，就立刻给到顾客优惠或者折扣，会显得店员急于想卖出商品，也不利于保持产品在顾客心里的价值。

为了让顾客认可商品的价值，我们可以在顾客提出价格异议的时候，先继续强调产品的特性，让顾客把注意力放在他可以获得的益处上，再通过讲故事的方法，把产品的价值升华到更高的层次，这时候顾客对价格的差异就不是那么看重了（图 3-19）。并且，在销售国际知名商品的时候，很多产品具有保值属性，我们也可以通过强调投资回报，给顾客算一笔账，让他们知道现在买的不仅是产品，而是更高收益的机会。这样的机会，产品价格本身越高，以后能得到的回报就越高。

图 3-19　处理价格异议

如果顾客的价格异议是由于我们推荐的同一款产品，他能够在其他渠道上以更低的价格获得。那么我们这时候需要帮助顾客明辨他在其他渠道看到的这款产品是否真的是同一款产品。因为很多时候由于顾客的不专业性，往往把相似的产品当成同款产品。如果真的是同款产品，那么一些隐形的服务是否一样？比如质保政策和退换货政策都会成为顾客忽略掉的问题。总的来说，邮轮免税店的商品，由于其免税的性质，在价格上会比其他销售渠道的同款产品更具有优势。而且很多邮轮免税店还有“最低价保障的政策”，即顾客购买了邮轮免税店的产品后，在规定期限内如果在其他正规销售渠道发现同款产品售价更低，是可以从邮轮免税店得到差价补偿的。这就为顾客提供了充分的价格保障。如果把这些关键点都跟顾客解释清楚，顾客的价格异议就迎刃而解了。

有时候顾客说商品价格贵，可能不是真的在讲商品价格贵，而是销售人员在销售的过程中没有抓住顾客最想要被满足的关键点或者是对该商品不太满意。这时销售人员应该动动脑筋，认真分析顾客的最终诉求，始终保持友好而真诚的态度继续与顾客沟通，不可以感情用事或对顾客产生抵触情绪。

3. 产品异议

产品异议的具体体现为顾客对产品的材质、设计、质量、款式、包装等方面不满意。应对产品异议，我们首先可以转化顾客的观念，通过对顾客不满意的特性部分进行介绍，尤其是找到商品对应的益处和故事，把顾客原本不满意的特性转化成顾客的新需求。如果顾客的观念是无法转化的，我们不妨继续去强调该产品的其他优势，毕竟瑕不掩瑜，如果顾客能够充分认可产品的其他优势，那么某一点的不足或许不会影响顾客最后买下这款商品。

如果以上方法都无法转变顾客对产品的不满，那么说明我们推荐的这款商品无法从价值上得到顾客的认可。这时候我们就可以根据沟通中得知的顾客不满意的地方，反向挖掘出顾客的实际需求，再根据更加具体的需求，重新帮顾客匹配合适的商品。这个过程中一定要保持耐心和友好，因为销售人员的耐烦和不耐烦顾客都是可以直观感受到的。如果我们一直保持着真诚的态度为顾客服务、沟通、调品，或许最终打动顾客的不是商品，而是销售人员的态度。

4. 时间异议

应对顾客的时间异议，我们首先要分析这是顾客其他异议的托辞，还是确实是在购买时间上的顾虑和犹豫。如果通过确认，发现是其他异议的托辞，那么就按照其他异议去解决；如果确实是真实的时间异议，我们也是有以下解决方法的。

鉴于邮轮免税店的特殊性质，虽然顾客有理由说他们可以有一整个航程来做购物的决定和动作，但是船上的商品数量是有限的，库存也是有限的。所以作为邮轮免税店的销售，要让顾客有危机感，让他们意识到如果没有立刻把自己心仪的商品买下来，那这么热门的商品很有可能在他下次光顾免税店之前就被其他顾客买走了。此外销售人员应熟知公司对于顾客的各种政策和福利，用公司的政策作为信任背书，增强顾客对我们的信任感，从而促进顾客消费。

另外，除了给顾客营造危机感，我们同样也可以从“以同样的价格，更早开始享受”的角度说服顾客尽早购买。毕竟，邮轮上各种晚宴、聚会和娱乐活动丰富多彩，顾客需要尽早地使用免税店里面的产品来装扮自己，如果尽早购买了，就可以让这个商品成为邮轮度假美好回忆的一部分。

邮轮销售实战案例 1：

顾客：确实挺别致的，那价格怎么样呢？

销售：这款是 1 200 美金，差不多 8 000 元人民币吧。

顾客：我觉得这个品牌的手表要将近 1 万元还是有些贵了。这个品牌的手表一般也就 5 000 元左右吧。

销售：先生看来确实很懂表。这个品牌里有一些比较常见的款式确实在 5 000 元左右。但是这一款的定位是更高档的，设计上更精美，材质要求也更高，所以价格确实会比普通款更高一些。

顾客：可是如果 8 000 多元的话可以买档次更高的品牌吧。我同事的那个品牌的手表好像也才 8 000 多元。那个品牌的手表定位更高一个档次呢。

销售：先生您说的没错。那个品牌的等级总体的定位确实比这个品牌要高。但是如果 8 000 多元买那个品牌的话基本都是一些入门款，我们这边也有卖的。我也可以拿给您比较一下。

顾客：嗯，好的，也拿给我看看吧。

销售：您看，这块手表。

顾客：倒是也不错，好像跟我同事的手表差不多。确实感觉有些简单了。

销售：先生果然一眼就看出不同了，只不过两个品牌的手表比起来，从设计风格上确实还是第一块手表更有感觉。而且第一块手表是机械机芯，第二块手表是石英机芯。

顾客：嗯，确实不一样。那这样看来还是第一块手表性价比更高。

邮轮销售实战案例 2：

销售：李先生，您好，下午您说再去考虑一下，现在是不是决定好了呢？

顾客：还是有些纠结。

销售：李先生，能否告诉我您的顾虑或者纠结是哪些呢？

顾客：主要是价格还是有些超出我预算了。

销售：您是说下午您试戴的手表在价格这里觉得有些超预算了对吧？那款式和性能这方面是否都满意呢？

顾客：其他都很满意。

销售：那说明李先生还是很喜欢这一款手表。这款手表确实也是我们店里最受欢迎的高端手表，李先生的眼光真好。

顾客：表是好表，但是确实没打算在手表上花这么多钱。本来准备买一块 3 万元以内的。

销售：李先生，我帮您算了一下。这款表在国内售价是超过 7 万元的，咱们免税店的价格是 8 600 美金，按今日汇率换算成人民币还不到 5.5 万元，便宜了 1.5 万元呢。有这样的机会，又是您所中意的手表，现在不买下来，估计整个航程都会辗转反侧吧。万一到时候决定要买的时候这边已经断货，就可惜了。

顾客：还会断货啊？

销售：是啊，咱们这个航程是满员的，船上有 4 800 名顾客呢。而且现在是寒假航次，来游玩的顾客都和先生您一样，买的船票价格都很高，所以消费能力也都是很强的呢。这款很抢手的手表能够比国内专柜便宜 1.5 万元，而且我们库存还有不到 10 块，按照以往的经验，可能在航行第三天内就会售罄了。

顾客：这样看来确实值得拿下，只是这价格……

爱实践

和同学们进行角色模拟，扮演国际邮轮免税店的销售人员，用本专题所学的知识和技能练习处理顾客异议的场景。

专题3.5　附加销售

爱阅读

这些连带销售方法你肯定没用过！

相信现在很多做导购的人经常会发问：“导购的工作是不是越来越难做了？”“有什么技巧能让我的转化率提高一些吗？”“我的导购话术是不是不好？”

很多时候，门店都在为增加销售额而绞尽脑汁，不知道怎么办。其实，在我们身边就有很多可以借鉴的例子。

每当在快餐店点完可乐或汉堡之后，营业员一定会问：“美女，要不要试一下我们最新的苹果派呢？”或者：“美女，加多 2 元钱，小杯可乐可以换大杯哦。”

其实还有很多很多这样的例子，就因为多问了这么一句话，10 个人当中，至少会有 4 ~ 5 个人会接受，这样一来，门店的销售额自然会有所增长。下面我们分析一下，做好连带销售的技巧。

连带销售的5种时机：

1. 当顾客选中产品时，应主动热情地为顾客进行搭配。

2. 有促销活动时，可提醒顾客：机不可失，时不再来。

3. 上新季货品时，销售人员有必要在连带销售的时候介绍给顾客。

4. 顾客和朋友一起购物时，在货品推荐和介绍的过程中，无视顾客同伴的感受是不明智的销售。聪明的销售人员会懂得讨同伴的喜欢，同时鼓励他们也试一试。

5. 当顾客等候时（只要他是站在店内）就有影响顾客的机会，这个时候的连带销售，可以试探一下，没有结果的话也就当和顾客聊聊天，增进一下感情。

连带销售中的6个技巧：

1. 力求为顾客增值。连带销售不单单是为了提升门店的客单价和业绩，同样也要给顾客带来最大的增值和好处，要让顾客满载而归。

2. 正面及支持性建议，更漂亮、配搭协调、更多实惠等，综合来说，连带销售就是鼓励。

3. 随时观察顾客的反应。可以用询问的销售话术试探顾客，看看他们对连带销售的产品兴趣有多大。

4. 不要让顾客觉得你在硬销。“导购”两个字，分开来看，“导”是引导的意思，“购”是顾客购买，合在一起就是引导顾客购买，连带销售就是通过以上的建议、鼓励来引导顾客享受得更多。

5. 切记一口吃不成胖子。俗话说：得寸进尺。连带销售是建立在“得寸”的基础上，然后采取行动。在销售的初期，顾客还没有明确购买单件的情况下，进行连带销售和多买的鼓励反而容易引起顾客的警觉、反感。

6. 连带销售就是销售之后再销售，开单之后再开单，而非快速收银把顾客送出门外。

连带销售中的注意事项：

1. 把握时机，一定要在客户已经确认要购买了，但是还没有完成付款交易的时候；

2. 给出一个简单但是可以打动人的理由；

3. 推出一个非常简单、一看就懂、不需要多加解释的产品或者服务；

4. 追加介绍的商品，一般是你有把握的商品，否则客户会把先选定的商品一并放弃；

5. 说完这句话后请闭嘴，不要多说话，看着客户，进行无声的较量，你越多说，成交的机会将会越少。

最重要的一点！

收银员在忙碌的时刻，一定要注意抬头、微笑，同时不要忘了补零式的连带销售。这个阶段销售人员有义务告知售后服务及保养、退换货的条件，让顾客感受到门店的细致服务。

大家一定要明白，当顾客在自主购买一些产品后，你再做追加销售，顾客就会认为你是在帮助他获得更完美的服务，而不是为了推销他认为可有可无的产品。顾客会购买你追加的销售，也是对他自己之前要做出购买决定的一种认可！

资料来源：搜狐网，2018.5.25

爱讨论

和同学们讨论，我们为什么要进行附加销售呢？

爱学习

知识概要

在解决了顾客的异议和顾虑以后，顾客就会愿意买下销售人员推荐的商品，同时我们对顾客的需求（包括性格）也都有了初步的了解。这时候如果能够乘胜追击，进行附加销售，就可以趁热打铁，用已经建立的信任和对顾客需求的了解再为顾客推荐更多的商品，这样不仅能够更加全面地满足顾客的需求，而且有利于最大限度地增加我们的销售业绩，为团队和自己争取到更多的销售提成。

3.5.1 附加销售的准备和开始

进行附加销售，我们首先需要克服内心对附加销售的抗拒。很多销售人员觉得附加销售影响顾客的购物体验。其实，如果我们推荐的商品确实是符合顾客的需求，并且能够让顾客认识到商品的价值，顾客是非常愿意接受的，甚至会感激店员能够用合适的商品满足顾客购物的需求。

1. 提前计划

进行附加销售是需要提前做好准备的。销售人员需要在开始附加销售之前计划好打算附加销售的产品和策略，才能在时机合适时自然而然地展开附加销售。几乎每个产品都有许多可能的附加产品，这需要销售人员精心地安排和准备。“不打无准备的仗”，带着准备去展开附加销售明显会让销售人员看起来从容许多。与其让顾客在买单后准备离店前发现与第一件商品相匹配又是自己很喜欢的商品，而重新开始销售过程，不如销售人员预先考虑这些可能性并计划好，主动提供给顾客选择。

2. 主动询问

在即将达成成交之前我们都会害怕顾客拒绝我们的请求而在顾客选择完一件商品后不再进行推荐其他的新的产品，所以就本能地不再询问，在心目中把自己在嘴边的问题自己先拒绝了一遍。这时你可以用一种更加严肃的态度来看待这个问题：谁给过我们代替顾客选择的权利？你的义务是询问，而不是代替顾客回答“是”或者“否”。我们有几句关于附加销售的俗语，值得好好铭记：“大胆开口问，你就会接受展示，展示，再展示，直到顾客自己说不！”你是否曾经走进一家零售店，在购买某件东西的同时，又发现了另一件你喜欢的东西？是否因为销售人员始终没有询问你对新发现的意见，你最终只买了第一件东西？当然，即使每次都问，你也不能指望每位顾客都买一件以上的商品。但是，不主动询问肯定卖不出附加产品。如果每位销售员每次都向每位顾客询问是否购买额外的商品，那么附加销售就会增加，利润也会增长。如果你敢冒顾客说“不”的风险，你会惊讶他们说“是”的次数竟如此之多。

其实更多的时候，我们作为销售人员不再进行附加销售只是因为我们害怕被客户拒绝。这种心理很常见也很好克服。因为顾客就算是拒绝了附加销售也不会影响已经达成了的交易，我们也不会失去任何东西，而如果我们成功了呢？那不就是皆大欢喜吗？所以在这单成交了后，我们作为销售人员可以非常自然地加上一句：“您看您还需要其他配套的产品吗？”或者是“要不要再看看我们其他的产品呀？”

3.5.2 附加销售的方法

为了让附加销售更有效率，用合适的方法也非常重要。下面我们就给大家介绍一下附加销售的方法。

1. 搭配商品

搭配商品是指可以和原来顾客购买的商品进行搭配使用的商品（图 3-20）。比如在邮轮免税商场的化妆品和护肤品店，如果顾客原计划购买的是一款面霜，那么可以推荐同样适合这名顾客肤质的眼霜、精华乳液和保湿乳等，甚至可以推荐包含以上全部商品的套装；如果在邮轮免税商场的珠宝店，顾客选中了某款项链，那么可以推荐同样符合顾客气质的手链、耳坠和戒指等；在邮轮免税商场的箱包皮具店，如果顾客相中的是一款手提包，那么可以推荐钱包等。

在进行搭配商品推荐的时候，我们一定要选择符合顾客需求的商品进行搭配，在推荐搭配商品的时候同样需要让顾客了解该商品的特性和益处，并且可以通过故事进行升华其价值。

图 3-20　搭配商品

不论顾客购买什么样的产品，我们永远有机会可以帮顾客搭配到合适的商品。如果顾客购买了戒指，我们可以推荐搭配的手链；如果顾客购买了手表，我们可以推荐配套的情侣款；如果顾客购买了黑方威士忌，我们可以推荐口味更为精良的蓝方威士忌；更有甚者，如果顾客购买了戒指，我们甚至可以推荐给顾客与他着装风格相似的墨镜。永远不用害怕会被拒绝，我们作为销售人员的工作本质就是帮助顾客把适合的商品带回家。

2. 为同伴推荐

邮轮旅游顾客往往是以家庭为单位的，所以，如果已经得到一位顾客的认可，那么为他同行的顾客推荐合适的商品就显得顺理成章（图 3-21）。我们进行家人或同伴推荐时，可以首先推荐给和这位顾客一起逛店的顾客。比如，如果是一对情侣或者夫妻，其中一位已经决定买一款手表，我们就可以再给他的伴侣推荐一块情侣表；另外，我们还可以推荐给虽然没有出现在免税店里面，但是和这位顾客一起同游的家人或同伴；我们甚至可以推荐这位顾客给远在家乡的家人或者同伴带去一款或者多款免税店的商品。我们可以建议顾客利用邮轮免税店商品的价格优势和纪念意义把这次美妙旅行的愉悦也分享给家人和同伴。

图 3-21　为同伴推荐

在进行为同伴推荐附加产品的时候，我们需要通过描述具有画面感的场景，让顾客感受到他的同伴在收到这样的礼物后欣喜和感激的表情，这样能够促使顾客完成附加产品的购买。

很多顾客会选择在邮轮上度过对于他们有纪念意义的日子，比如结婚纪念日、伴侣或家庭成员的生日、蜜月旅行等等。所以作为销售人员的我们一旦通过与顾客的交流得知了这类消息，就可以作为很好的销售契机，帮助顾客和他们的同伴挑选最能合他们心意的有纪念意义的商品，帮助他们构建对邮轮旅行更美好的回忆。

3. 填充推荐

在邮轮免税店上，往往有很多促销政策来鼓励顾客多多购物。比如“满一千美金打八折”“第二件半价”“买二赠一”等等。如果顾客购买的商品数量或者金额达不到促销活动的要求，那么对顾客来说也是损失和遗憾。所以遇到这样的情况是进行附加销售的最好时机。在这样的情况下，无论是推荐搭配类的商品还是进行同伴推荐，都能很好地填充顾客原本购买商品和达到促销活动要求的空隙，让顾客得到实惠的同时，销售人员也可以得到更高的销售业绩。如果顾客购买的金额和我们的活动金额相去甚远也不用害怕，一样可以告知顾客我们的促销活动。因为我们永远无法评估一位顾客的最终消费能力。就算顾客本人的消费能力有限，但是因为我们的超值活动，顾客可能会动员他们的亲友或者同伴，这是我们无法估量的消费能力。所以我们在进行填充推荐的时候，要能够灵活地结合邮轮免税店的促销政策和顾客的需求点，推荐的填充类商品既能够帮顾客达到促销的金额或者数量，又能够符合顾客的实际需求（图 3-22）。

图 3-22　填充推荐

邮轮销售实战案例 1：

销售：是的，先生。这个品牌的手表在我们店里有活动。如果消费超过 2 000 美金的话，可以优惠 20% 哦。

顾客：那真的很划算啊。就是在免税的基础上再优惠 20% 吗？

销售：是的，额外再优惠 20%。按照现在的汇率，2 000 美金就是不到 13 000 元人民币。您也挑一款同品牌商品，就能满足优惠条件啦。我看您现在戴的这一款是运动风格的潜水手表，您要不要挑一块休闲或者配正装的手表呢？

顾客：那倒是也不错。您有什么推荐的吗？

销售：先生您的风格是很商务儒雅的，不妨试一试这款皮带机械男表，复古风格经典款，很匹配您的气质。

顾客：我看看呢。

销售：我拿给您试戴一下。

顾客：看起来确实不错。

销售：先生您戴起来真的很赞，手表的质感衬托您优雅华贵的气质，感觉就是为您量身定制的。

顾客：这款手表多少钱呢？

销售：这款手表和您女朋友试戴的手表一样，都是 1 200 美金。如果两块一起买的话，2 400 美金打 8 折，只要 1 920 美金，还不到 2 000 美金。按照今天的汇率，是人民币 12 288 元，很吉利的数字呢。

顾客：这么巧啊。确实很吉利。

邮轮销售实战案例 2：

销售：李先生，我们也交流了挺久了，也知道您是真心喜欢这款手表并且确实想买，您看这样，这块手表是 8 600 美金，您在店里面再挑选一块 400 美金以上的表，咱们凑齐 9 000 美金我可以帮您去申请一个专有的折扣，额外给您再打 8.5 折。按照今天的汇率计算，不到 5 万元人民币，您就买到两块手表，真的是相当划算了。

顾客：嗯，这样确实划算。但是另外一块 400 美金的手表我还不知道怎么挑。我得仔细考虑一下，没办法现在定下来。

销售：如果没有想好也不着急，李先生。我们可以先帮您刷 7 650 美金，也就是 9 000 美金打完 8.5 折以后的价格。这样您现在就可以把第一块手表用折扣价买下来，然后另外的 400 美金作为您的购物额度，在我们免税店都是可以使用的。这个航程我们还会有很多促销活动，比如明天的箱包皮具促销和后天的名烟名酒促销您都可以用这个额度来消费哦。

顾客：这样也行。是个好办法。

爱实践

和同学们进行角色模拟，扮演国际邮轮免税店的销售人员，用本专题所学的知识和技能练习附加销售的场景。

专题3.6 成交与欢送顾客

爱阅读

如何踢好"临门一脚"？

在导购和顾客快要达成交易的时候，也是最容易出现问题的时候。这时，顾客往往容易产生犹疑，到底是买还是不买，还会对交易产生怀疑。而导购则容易在快成交的时候放松下来，说一些不当的话或者做出一些不当的动作，最终影响了交易。

那么在成交关头，导购应注意自己的哪些行为呢？怎么样做才能使顾客下定决心呢？

成交关头，导购要注意：

在将要成交的时候，也是顾客疑心最重的时候，他们由于害怕上当受骗，很容易在最后的成交环节反悔。

比如出现以下情况：

顾客看到导购神情激动，非常开心就会说：我想好了，现在不签单，现在做决定还是太早了，我要再看看。

顾客在看到一些导购神情紧张，会说：你怎么这么紧张，是不是你们的产品有问题？我暂时不签单了，再看看吧。

遇到这样的问题，你怎么办？

成交是销售最重要的环节，前面我们都做好了，而最关键一步出了差错，那么所有努力都是无用功。若要避免在成交的紧要关头出现不顺利的小插曲，导购必须切忌以下规则：

绝不惊慌失措

这种情况最容易发生在交易成功前一刻。有些心理素质不高的导购会突然表现出惊慌失措的样子，这样很容易使顾客心生疑虑，从而对商品失去信任，最后就会不愿意购买你的产品了。

因此，向顾客提出成交要求时，必须要充满自信，因为自信具有感染力。

绝不过于兴奋

有些导购自我感觉即将大功告成，脸上会不自觉地浮现兴奋的喜悦，此乃人之常情不可避免。

但你要记住，你是导购，在销售没有结束前是不能随心所欲地抒发自己的情感的。在即将成功时，你必须要善于隐藏自己内心的喜悦，要学会自制，要懂得用一些办法来掩饰自己过于兴奋而显得紧张的表情及动作。如果不幸被顾客发觉你的兴奋，他会产生新的疑虑甚至做出反悔决定。

绝不妄加议论

当我们的销售完全进入有关成交的商谈阶段之后，顾客可能会提出种种疑问，或接连发表自己的意见。其中有些顾客的言辞也许会冒犯我们，但不管怎样，我们绝不要轻易表态，妄加议论。

因为，无论我们的理由如何充分，此时发表意见不会有任何益处，切记！切记！

成交关头，如何促使顾客下决心：

在销售中，往往顾客在前面已经没有问题了，也说好了要成交，但是，偏偏是在成交的关头，顾客却再次犹豫了，搞得销售人员不知所措。那么，在成交关头，要怎样促使顾客下决心呢？

比如遇到以下几种情况。

顾客：我先考虑一下，到时候买的话我找你。

顾客很满意的时候，却听到旁边的顾客说不好。

顾客准备签单时，却刚好遇到顾客投诉，怎么办？

遇到以上类似问题，你要怎么办？

我们知道，人们都有害怕做出错误决定的心理，尤其是在决定的最后关头，更是犹豫。当遇到犹豫不决的顾客时，导购切记不可以失去耐心。

那么，怎样才能让犹豫不决的顾客下决心呢？导购应该掌握以下几种方法。

1. 二选一法则

导购在顾客决定购买的前提下，询问顾客所需求的数量、型号、款式等，这样顾客会将考虑问题的重点转移到导购提出的问题上，进而忽略了是否决定购买这一问题。

比如有这样一种说法，你的豆浆要不要加鸡蛋？你的豆浆要加一个还是两个鸡蛋？这两种提问的方式，哪种方式更容易让顾客购买？显然，后一个问题是让顾客选择一或者二，而第一个问题是问顾客要不要选择，后者的销量是一定比前者好的。

2. 有限数量或期限

此方法运用的是一种急迫感，当导购明确产品数量有限或者有期限时，这会增加顾客在时间以及数量方面的购买急迫感。也就是说，在成交关头，导购强调限量和限期，这样就可以促使顾客尽快做出决定。

比如超级市场打折，一般都会标示今日特价，根本不会标示今年或本月特价，因为这样不会引起很强的购买急迫感，顾客在一年的时间中或一个月的时间中都可以随时购买，丝毫没有急迫感。而近日特价就缩短了时间，很容易引起顾客强烈的购买欲，一般情况下，顾客是不希望失去这次购买的机会，一定会下决心购买。

3. 运用对未知的焦虑

顾客在得知产品有时间或数量限定时，通常会产生对未知的焦虑、恐惧，顾客会产生错过此次购买就会买不到的焦虑。导购则可以通过有感情的语言加强对产品数量有限性或限制时间的宣传，进一步拉升顾客的购买急迫感，这非常有助于成功销售。

在顾客继续犹豫不决时，他们往往会有这样的问题：

"那么下一次活动会是什么时间？"

"这款工厂确定停产了吗？不会供货了吗？"类似这样的问题，就表示顾客已经开始动摇，倾向于立马下单的决心了。这时候，你只需要给顾客一个未知的答案，基本离成交就不会太远。比如你可以说："是的，这是我们的经典款，为了保证质量，一次生产的数量都是极其有限的呢。"

资料来源：搜狐网，2022.8.12

爱讨论

和同学们讨论，顾客在邮轮免税店购物的时候，销售人员有哪些可以推动顾客买单的方法呢？

爱学习

知识概要

想要在销售过程最后的“临门一脚”——成交与欢送顾客这个环节高效发挥，首先要了解成交的关键。然后，将我们学习过的多种推进成交的方法，运用在不同场合和不同类别的顾客上。常见的方法有饥饿营销和激将法。最后，把握成交的时机，也很关键。

而有效的欢送顾客，不仅能够增加顾客的满意程度，还能促进顾客在本航程反复来店进行购物消费。所以欢送的同时不妨给顾客介绍本航程内后续会有的一些活动，比如商品展、商品促销、产品讲座等，邀请顾客来参加，以便再次成单。

3.6.1　成交的关键

1. 销售人员的信念

一个商品能不能成交，50% ~ 60% 来自销售人员的信念。初级的销售人员关注的是技巧，高级的销售人员关注的是关系，再厉害的销售就是关注做人，顶级高手关注的是一种心境。信念对于每个销售人员来说非常重要，乔·吉拉德曾经说过：“我可以销售任何产品给任何人，在任何时候以任何的方式！”销售是信心的传递，情绪的转移，状态的感染，决心的推动，能量的震撼。我们看到国外有不少做直销的公司，员工在刚加入企业时，得先购买一套自己的产品，之所以这样做，就是为了让新来的员工使用这个产品，当你对这个产品非常有信心的时候，再来卖这个产品，再来开创人生职业生涯。所以销售人员的信念非常重要。

据调查，我们发现 63% 的销售人员，在销售的尾声不敢提成交要求；46% 的销售员在提出一次成交被拒绝之后就放弃了；24% 的销售员在提出两次成交被拒绝后放弃了；分别有 15% 和 12% 的销售员在提出三次和四次成交被拒绝后选择放弃。最终，只有 4% 的销售员完成了成交总量的 60%。所以人生成功贵在坚持，只要肯坚持，就一定有机会。乔·吉拉德说：“拜访顾客被拒绝 17 次前，都不算拒绝！”

很多销售人员在顾客进店后，真诚推荐并耐心讲解商品给每一位顾客，最后却被拒绝了，而被拒绝后很多销售人员就会感觉受挫而失去信心。而顾客每一次拒绝销售人员的时候，实际上他的心里已经开始有了一点变化，这就像是烧水一样，第一次把水烧到 20 ℃，第二次烧到 40 ℃，第三次烧到 60 ℃，第四次烧到 80 ℃，第五次烧到 100 ℃，可是很多销售员都是在第四次之后就不再坚持了，所以销售人员一定要记住：坚持、坚持、再坚持。

2. 适时保持沉默

成交的关键还在于保持沉默。为什么说要保持沉默呢？关键在于能让顾客有思考的余地。美国前保险销售冠军道克斯在即将退休的时候举办了一场演讲，这次演讲让人终生难忘，不是因为他讲得内容有多好，而是他做了一件令人印象深刻的事情。当掌声响起，宣布让道克斯先生上场之后，居然五分钟都还没有见到人，现场一片混乱，有喇叭声，有尖叫声，有扔易拉罐声，有吵闹声，但是不管怎样，道克斯还是没有上场，最后喇叭里静静地传出一个像幽灵一样的声音，说："请闭嘴！"整个会场鸦雀无声，寂静的时间又持续了五分钟，这个时候所有人都在东张西望，但是所有人都没有发出声音，绝大多数人的眼睛是静静地看着舞台，结果又出来一个声音："闭嘴。"所有人都觉得莫名其妙，持续了两分钟，道克斯悄悄地上场，他演讲的主题就抛了出来，说："成交的关键在于闭嘴！"当销售人员提出成交的时候，销售人员自己会很有压力，顾客在接收到你成交要求的信息后，更加有压力，仿佛你手里拿着一个烫手的山芋，你觉得很烫很烫，"啪"得一下，就抛给了顾客，顾客接到了山芋很开心，但是突然发现很烫，就左手扔给右手，右手扔给左手，这个时候你一出声，顾客就一下子又扔给你了。其实你在把烫手的山芋扔给顾客的时候，他左手扔右手，右手扔左手，就慢慢习惯了这个烫，他就接住了这个烫，也就是接住了这个压力。所以，当销售人员提出成交后，就应适当保持沉默，让顾客慢慢思考，在思考的过程中，就慢慢接受了这个压力，或者接受了这个要求。

在成交的环节，保持沉默期间，实际上是双方的一种较量，销售人员在和顾客交谈的时候，一定要将手机关闭或调成静音，因为成交就在一刹那，或许只是一种冲动，顾客就决定买下了。所以关键时刻销售员要能静下来，等待顾客一会儿。顾客在思考的过程中，一般内心都在挣扎，在努力说服自己。一般来说，在顾客内心挣扎完之后，有两种情况，一种是直接不买了，另一种会问："你这个价格能不能再优惠一点？"当顾客说这句话的时候，基本上成交一半了。这时候你按照前面学习过的方法消除他对于价格的异议。例如，你可以接着讲："先生，这是我们的最低价了，这款产品的性价比真的很高，我已经为了您向经理争取了最大的优惠。先生，您看是要红色，还是蓝色呢？"

3.6.2 成交的时机

即将成交的时候往往会有关键信号，很多销售人员只顾着不停地跟顾客推荐商品，到最后却发现，不知道什么时候该提出成交。因此，作为销售人员需要意识到，成交就在一瞬间，火候到了，马上就成交了；火候过了，顾客又失去兴趣了。

一般来讲，成交的时机体现在三个方面。

第一个成交的时机，是当顾客在销售员讲解产品或展示产品的时候，开始询问有关产品的价格，或者询问关于买卖条件的问题，这时，顾客已经非常感兴趣，销售人员需要立刻停止产品的介绍，及时推动成交。你可以直接问他："先生，那您什么时候买下它呢？""先生，您想买几个呢？""你想是把这个产品送到家里面去，还是送到公司去呢？"像这样以假设成交的方式推动交易。

第二个成交的时机，往往是在顾客开始询问产品的某些细节的时候。当顾客总是盯着某一个细节不停地咨询的时候，说明这是他购买的一个关键点，并且基本可以确定他很想买下它了。同时，也说明了他对这个细节比较关心，这时销售员可以立刻停止产品的全面介绍，就针对这个细节，反复进行详细介绍，把该细节将给他带来的益处和不买它将带来的损失不断讲解，并尝试性地提出成交（图 3-23）。比如，顾客问："这个功能真的能够像你讲得那么好吗？""你这个功能到底好在哪个地方？""你这个功能和别人差别有多大？"当他反复询问这个功能的时候，恰恰是该产品对于他最大的卖点，是该产品与其他产品区别最大的地方。因此，销售人员只要一介绍完，就可以开始推动成交，这个时机就显得很关键。

图 3-23　成交的时机

第三个成交的时机，就是顾客开始问一些购买之后的问题，比如“你们送不送货？”“你们交货日期有没有要求？”“你们送到什么地方呢？”“你们售后服务怎样啊？”当他讲这些话的时候，销售员应立刻停止产品介绍，直接问对方：“先生，你想要多少呢？”通过和顾客的沟通，不断察言观色，就能够知道他购买的意愿到达哪个程度了，然后根据成交的火候及时回应，也就是更多地捕获他的成交信息。

当然，除了以上语言信号之外，还有一些肢体动作或下意识的小动作，往往也是成交的信号。比如，你在介绍产品的时候，他的身体慢慢往前靠，刚开始眼睛无神，现在两眼冒光，身体越来越往前倾，同时伴随着越来越多的问题，就是个很明显信号。这个时候，销售员可以慢慢结束产品的介绍，直接引入成交。顾客在思考的时候，他还拿笔算一算，算要花多少钱，或者偶尔还写个数字；算他要省多少钱，或能优惠多少钱。如果顾客做这些动作的时候，销售员就无须讲话了，直到对方算清楚，他问一条，你答一条，而不需要讲太多的话。这种顾客是思考型的顾客，他需要想明白，只要他弄清楚了，就会决定买还是不买。当顾客问：“你这个产品能不能让我试一下？”，其实这时顾客基本已经确定购买意愿了。如果顾客问：“那付款的周期可不可以再延长一点？”或“你们产品可不可以再便宜点？”这个时候，你只需要明确回绝就好了。如果他仍然不买，并拿竞争对手做参照，或者是为了尽量多占便宜，那么我们需要坚定信念。这就如同我们遇到困难的时候，越是坚定就越能挺过去，困难就越是渺小；越是犹犹豫豫，前面的困难就越大。我们和顾客之间也是一样，我们越坚定，顾客就越不坚定；若我们越不坚定，顾客就越是坚定。其实谈判就是一种信心的较量，有时候要敢于说“不”。

3.6.3　推动成交的方法

1. 饥饿营销

“最后通告”往往会带给顾客购买欲。走在街上，我们经常会见到不少商场的门口打出“最后三天，欲购从速”，或者听到销售员大声吆喝“最后一件了，机会不可错过”等等类似的通告，而这也往往会带来哄抢的效果。为什么会出现这样的情况呢？这其实都是在利用顾客“物以稀为贵”的心理，通过强调产品的稀缺性来促使交易尽快完成。从心理学的角度看，这种“物以稀为贵”的心理又被称为“稀缺原理”。心理学研究表明，物品的稀缺性和唯一性会提高其在人们心目中的价值，对人们更有吸引力，会使得人们有更为强烈的拥有欲和占有欲。这也正是稀缺原理的内涵所在。稀缺原理还认为，越是难得到或者得不到的东西，越能激起人们的好奇心和占有欲，让人们越是渴望得到。物品的稀缺会引起的人们内心的渴望，这既是一种非常普遍的生活现象，也是一种相当普遍的心理现象。而在商业与销售方面，人们的这种心理表现尤为明显。顾客往往会因为商品数量变少或者促销时效变短，而争先恐后地去购买，害怕以后再也买不到。所以，销售中要善于把握顾客的这一心理，适当地对顾客进行一些小小的“刺激”，从而实现销售目的。

从具体方法上来说，首先，对商品的数量设限。在现实生活中，很多人喜欢收藏一些古董类东西，而那些古董之所以价值连城，主要原因就是因为它们稀少、罕见，不容易获得。如果类似的古董到处都是，那么它们也就不值钱了。销售人员在销售商品时也可以利用这种人性心理弱点来提升产品的价值和缩短顾客的决策时间。例如，某品牌的猫爪杯，在短短几个月从几十元迅速涨价至上千元，仍然供不应求，这就代表数量有限的信息确实会对顾客的购买决策产生有效的影响。顾客在其影响下，为了使自己不因买不到而后悔，总是会果断地做出选择。先将自己喜欢的商品占为己有，这样才能够安心。因此，当销售人员发现顾客对某种商品感兴趣的时候，如果能对其进行巧妙地引导，在说明商品质量可靠、价格实惠的同时，不妨再加上这样一个善意的提醒：“这款商品刚刚卖出一套，这恐怕是我们这里最后一套了，如果错过，就需要等到一个星期以后再来了。”这样做则会有效地促进销售。

其次，对销售的时间设限。顾客之所以会优柔寡断，在很大程度上是“还有”意识在作怪——还有希望，还有时间，还有一次，还有更好的等等。要让顾客尽快下决心，就要打消他们的“还有”意识。从心理学角度来讲，“最后”意识就是“还有”意识的对立面。一旦对方明白自己的期待是毫无意义的，他们就会像你所期待的那样，早下决心。正如每年皆有复刻的篮球鞋，每年公布价格的同时也公布篮球鞋的本次销售数量以及限时预约时间，其直接结果就是很多顾客听到这样的消息都会争先恐后地跑去抢购。而且，设置的最后期限越彻底，其短缺的效果也就越明显，而因此引起的人们的拥有欲也就越强。这在销售人员进行产品推销的过程中是很有成效的。因为这就暗示了顾客，除非现在就选择购买，否则以后再买的话，就需要支付更多的钱，甚至根本就买不到。这无疑给顾客施加了高压，使其在与自我的斗争中努力地说服自己购买。总之，借助稀缺原理来促成销售，是一种很有效的营销方式。

我们在邮轮上销售商品时，更适合运用这个方法。因为我们只要很诚实地告诉顾客“我们的商品库存真的有限，而且不能在航程中间进货补货，所以我们真的不能保证您今天喜欢的这款商品明天还有货。所以真的建议您既然喜欢就今天买下您喜欢的产品。不要给自己难得一次的邮轮游留有遗憾。”销售员只要抓住顾客的这种心理。恰当地给顾客制造一些压力，比如只剩下一件商品，只有最后一天的优惠时间，已经有人预订了等等，从而让顾客产生一种现在不买，以后就买不到了的心理暗示，这样就会促使顾客果断地购买心仪的商品。

2. 激将法

让“再考虑一下”的顾客迅速决断起来。在销售过程中，销售人员常常遇到一些“再考虑一下”的顾客，虽然他们对产品有需求，但就是犹豫不定，总想着等等看。面对这些顾客，要想交易成功，不妨尝试善用顾客的好胜心、自尊心，采用激将法促使他们做出购买决定，迅速签单。激将法，即从心理学角度出发，用反面的话激励对方，使之痛下决心，从而起到良好的语言表达效果。不过，激将法并不是适用于任何人的，在使用上一定要根据不同类型的顾客，采用不同的刺激方法，才能收到满意的效果。正如世界级著名潜能大师安东尼·罗宾所说：“自尊心、虚荣心和好胜心，是激将法的绝佳伴侣。如果你的顾客恰好对这些都不是那么敏感，那么很难起到激将的效果，甚至还有可能把一桩很有希望的生意逼进死胡同。”因此，销售员首先要从顾客的言谈中分析出顾客的性格，寻找出顾客的特点，再合理运用激将成交法。

具体说来有三种方法，首先，利用顾客自尊心的激将法。合理使用激将法，可以减少顾客的异议，缩短整个成交过程的时间。但必须选择好对象，这样才更容易完成成交工作。合理地使用激将，不但不会伤害到对方的自尊心，反而会让对方在购买行为中获得心理上的满足。在成交阶段，当顾客的自尊心受到自我压抑，或者由于遭遇挫折、犯了错误或其他种种原因而产生自卑感，运用其他成交方法不能使其振作起来时，销售人员不妨考虑用激将法适当刺激顾客，从而使其自尊心、自信心激发起来。例如，我们可以通过激将法，让顾客树立自信心，接受“我值得拥有”的观念。

其次，利用顾客虚荣心的激将法。虚荣心是任何人都会有的一种普遍心理，只是程度不一样而已。利用顾客的虚荣心，恰当地使用激将法也往往容易取得成功。例如，我们可以让顾客想象拥有这款中意的商品后，会得到很多人的称赞和羡慕。但这里还有一个需要特别注意的问题，就是当我们在销售的过程中，采用激将法促成订单时，一定要注意自己的态度和表情，应该自然地流露出来，绝对不能为了达到效果而夸大其词，否则便很容易让顾客看出来我们是在“激”他，进而产生逆反的心理，最终导致交易失败。

最后，利用顾客好胜心的激将法。每个人都或多或少有点攀比心理，特别是在购买过程中，都不希望自己表现得比同等地位的人或低于自己地位的人差。对于那些知道产品优势和利益，但以各种借口拖延的顾客，销售员可以用对方熟知的人购买的事例来引起对方的兴趣，从而激起顾客的购买决心。

激将成交法，是人们比较了解、接触得比较多的常用策略。因此，在使用激将法时也容易被对方看穿。销售人员在利用这一方法时，不管是在语言还是表情上都要显得平静自然，还要保持着礼貌友好的态度才有成功的可能。而且，由于它在使用时会直击顾客的自尊心。如果时机、语言、方式中有一点不对，或者显得过分，就会导致顾客的不满和愤怒。我们的最终目的不过是达成交易，不是要激化与顾客之间的矛盾。所以不要过于强硬、过于苛刻地使用激将法，那只会让你和顾客的关系越来越僵，如果顾客最后生气进而投诉销售人员那就更得不偿失了。孟子说："以力服人者，非心服也，力不赡也。以德服人者，中心悦而诚服也，如七十子之服孔子也。"所以激将也要用理使其激，然后再使其心服，这是推销术中永远的法则。

3.6.4 欢送顾客

在邮轮上，一次成交以后建立的信任更便于让顾客在本航程反复来店进行购物消费。所以欢送的同时不妨给顾客介绍本航程内后续会有的一些活动，比如商品展、商品促销、产品讲座等，邀请顾客来参加，以便再次成单，如图 3-24 所示。即时有些顾客是"一次性"消费顾客，但是每一个顾客背后都有着数不清的其他资源可以成为潜在顾客。因此，成单以后也不意味着和顾客之间的关系的结束，无论是欢送顾客离店还是再次见到顾客时都还应该保持对顾客热情的态度进行问候，从而维护和顾客之间良好的关系。

为了避免临走前给顾客留下不好印象，我们需要做到的是：始终面带微笑待客，在顾客购买到自己心仪的商品之余还可以感受到销售人员的服务，如图 3-25 所示。销售前的奉承，不如成交后及时而周到的服务，这是创造永久顾客的不二法门。当然，要做到这一点并不容易，销售人员要时时有为顾客着想，满足顾客需求的意识，把这种意识落实到工作中，就是积极主动，耐心周到，千方百计地帮助顾客解决问题。只有将顾客的需求弄明白了，然后有的放矢，你提供的服务才是行之有效的，完美的。

如果可能的话，在欢送顾客的过程中还可以尝试进行交叉销售（图 3-26）。你的顾客通过这次交易已经能够信任你，你的任何推荐都会更有价值。所以可以尝试让你的顾客了解其他商店正在出售的各种商品和举行的促销活动，这样其他商店的销售人员也可能将优质顾客推荐到你的店里，实现更大的销售额交易。

图 3-24　介绍后续活动

图 3-25　欢送顾客

图 3-26　交叉销售

总之，要想成为一名优秀的销售人员，必须用心维护顾客关系。这样，顾客才愿意一次又一次地回头光顾你的生意，更重要的是，他们乐意介绍他们的家人和朋友给你，这也就是心理学中所谓的“滚雪球效应”。成功的推销生涯正是建立在这一基础上（图 3-27）。

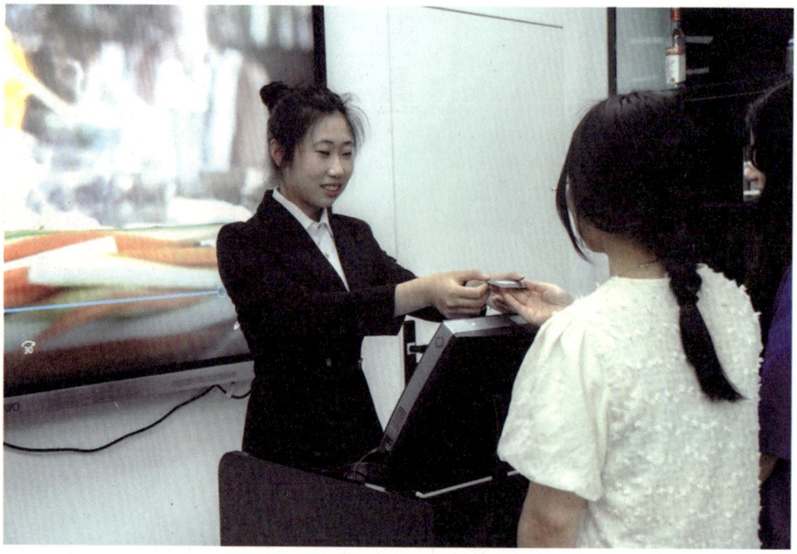

图 3-27　成单结账

邮轮销售实战案例 1：

销售：那您女朋友的这一块我帮您包起来吧。我来安排一个礼盒的包装，这样送给她的话会更显心意哦。

顾客：好的，谢谢啦。

销售：那您选的这款手表要现在戴起来吗？还是先包起来呢？

顾客：帮我也包一下吧。

销售：好的，没问题先生。这是手表的保修卡，我给您放在袋子里面哦。如果以后需要维修和保养的话，全国的指定保修点都是可以提供服务的。您看是刷房卡还是支付宝呢？

顾客：直接刷房卡吧。

销售：好的。这边处理好了，麻烦您在这里签字。

顾客：好的。（与此同时销售正在包装，并把小票放进了包装袋中）

销售：这边就帮您包装好了。这个是一条女式手链，就作为礼物送给您啦！感谢您在我们这里消费。

顾客：真的吗？太感谢了！

销售：先生，这个是我们的珠宝抽奖券，在今天晚上会有抽奖哦，您只要把您的房间号以及名字写上去，晚上 7 点半回来这里把奖券丢进珠宝店的箱子就有机会得到价值 5 000 美元的珠宝哦！

顾客：真的吗！太好了，那晚上我准时回来！

销售：好的，先生，不见不散哦！另外隔壁的珠宝店今天也有很多优惠活动呢，您去投奖券的时候不妨也可以进去逛逛，说不定也能挑到中意的首饰给您女朋友呢。

顾客：好的，我马上也去看看。

销售：那祝您在船上玩得开心。有任何需要帮助的可以随时来找我哦。

顾客：好的，谢谢啦。

邮轮销售实战案例 2：

销售：那么，李先生，手表您要直接戴起来的话我就把包装盒另外给您装吧。

顾客：好的，我现在就戴起来。

销售：您带着确实很有社会精英的气质呢，表衬人，人也衬表。

顾客：哈哈，过奖过奖。刷卡吧。

销售：李先生，您的保修卡我要稍后帮您填一下，您看是现在稍等我一下，还是稍晚我们填好了，您过来取呢？

顾客：我马上要去看剧院的表演，表演结束估计你们今天也打烊了。明天上午我来取吧。

销售：没问题的，李先生。明天上午十点在我们店外面的中庭广场正好有我们的葡萄酒品鉴活动哦，我们专业的侍酒师会和大家一起品尝和鉴赏十款来自世界各地知名产区的葡萄酒。欢迎您带您的家人一起来参与。这么好的机会李先生不要错过哦。

顾客：我很喜欢藏酒的，明天我一定来。谢谢啦。

销售：也谢谢您，李先生。演出就要开始了，您先去欣赏表演吧，我们明天见。

爱实践

和同学们进行角色模拟，扮演国际邮轮免税店的销售人员，用本专题所学的知识和技能练习成交和欢送顾客的场景。

专题3.7　日常投诉及处理方式

爱阅读

选树“2020 消费维权年度人物”｜赵石毛：用心当好消费维权“第一责任人”

人物介绍：赵石毛 真诚对待消费者的个体工商户。

人物事迹：现为醴陵市班龙服饰广场的总经理，中国个体劳动者协会常务理事，湖南省消费者权益保护委员会委员。作为一名个体工商户，他把消费者当亲人，高度重视消费者权益保护工作，用心担当消费维权“第一责任人”，受到广大消费者交口称赞。

据《中国消费者报》报道，他是一名个体工商户，却与普通人眼里个体工商户的印象大相径庭。经商 29 年来，始终把“消费者至上”视为经商从业的行为准则，文明经商、诚信经营、掏心窝地对待消费者，当好消费维权“第一责任人”，彰显了一名新时代个体工商户的高尚情怀。他，就是湖南醴陵市班龙服饰广场总经理赵石毛。

一句送客语的微妙变化

3 月 5 日下午，记者慕名来到醴陵市班龙服饰广场，走进班龙店卖场，但见各类服饰摆放得整整齐齐，员工正热情向顾客介绍各种款式。见记者到来，有员工礼貌弯腰表示欢迎。

记者在店内待了约半小时准备离店时，只听员工向记者道别一声“请带好您的随身物品”。记者下意识地检查了一下随身携带的物品。

在听惯了其他商场“欢迎下次光临”的送客语后，记者对该商场的送客语产生了浓厚兴趣，与赵石毛的交谈也从这句送客语拉扯开来。

赵石毛向记者介绍，以前其员工的送客语也是“欢迎下次光临”，但自从发生一起事件后，他开始要求员工不再这样说，而是说“请带好您的随身物品”。

两年前一个周末的上午，一位顾客提着从隔壁商店买来的几件衣服来到赵石毛旗下的班龙店，在这里又选购了几件衣服。离店时却把从隔壁商店买来的几件衣服落在了班龙店，等顾客下午发现再来班龙店寻找时，却再也找不到了。于是，该顾客要求商场给个说法。

事情闹到了赵石毛那里，在查证顾客反映的问题属实后，由于当天人流量大，监控无法识别是什么人将该顾客的东西拿走了，赵石毛果断决定全额赔偿顾客的损失。

事后，赵石毛一边在店内转悠，一边在思索，如何尽可能避免或减少此类事情发生。“我当时想的不是自己因此赔了钱，而是如何更好地保护消费者权益，万一顾客遗落的不是用金钱能够挽回的东西呢？”这时，他听到了员工的送客语“欢迎下次光临！”“这分明是在为自己招揽下次生意，话虽好听，但对顾客没有实质性意义，把服务做好，把价格做实，即便你不欢迎，顾客下次照样会再来。”赵石毛灵机一动，要求一名员工改口说“请带好您的随身物品”。赵石毛在一旁观察发现，当员工说出这句送客语时，大多数顾客都会回头看看，下意识摸摸自己的口袋，摸摸自己的手机，更有顾客甚至回头走进试衣间看是否有遗落物品。

自此，赵石毛要求员工改变了送客语。“看似一句送客语的微妙变化，其实映射的是赵石毛对消费者权益保护的高度重视。”醴陵市消费者委员会秘书长易丽莎如是评价这件事。

投诉者变成了员工

周艳萍来班龙服饰广场上班已有 5 年，因为工作表现突出，如今已是班龙店靓仔装的店长。然而，在成为班龙店的员工前，其实她是班龙店的投诉者。

2017 年 3 月的一天，朋友李丽找到在一家品牌女装上班的周艳萍，说自己的母亲在班龙服饰广场买了一双皮鞋，穿了几天后感觉皮质有瑕疵，想去退货，但自己又怕说不过商家。考虑到周艳萍在卖场上班有这方面经验，请周艳萍出马维权。

周艳萍做足了功课，甚至做好了跟店员吵架的准备。随后带着李丽母女来到班龙店，店员在了解争议皮鞋的情况后，和颜悦色地向她们表示歉意，并当场为她们更换了一双皮鞋。店员热情周到的服务过程把周艳萍看傻了，完全出乎她的意料。

事后，周艳萍通过熟人打听得知，这就是班龙店“当家人”赵石毛的处事风格，是班龙对待客户的一贯做法。这也让在同行业上班的周艳萍钦佩不已。“能如此对待客户的老板一定会真心善待员工。”几天后，周艳萍毅然辞去了此前的工作，应聘到班龙上班。

“现在回想起自己当初的决定，我的选择是对的。”周艳萍率真地说。

赵石毛经常教育自己的员工，要把顾客当成自己的亲人，除了商品交易，还要有心与心的交流。赵石毛力推处理客诉三原则：“可退可不退的坚决退，可换可不换的坚决换，责任分不清的我负全责。”

将消费者权益落实到每一个细节

“消费者利益无小事，作为一名经营者，我能做到的，就是真诚对待消费者，把维护消费者权益落实到每一个细节。”赵石毛是这么说的，也是这么做的。

在赵石毛的办公桌上，《中华人民共和国消费者权益保护法》（简称《消法》）、《中华人民共和国产品质量法》之类的法律书籍特别抢眼。赵石毛除了自己学习消费维权法律知识，还组织员工系统学习，对知识掌握不熟悉的员工，指定专人辅导，考试合格方可上岗。他还邀请消委的同志出题，在内部举行《消法》知识竞赛。

“我们严把进货关，坚决不采购、不销售三无产品，只经营自主品牌和有注册商标的商品。加强对采购员的行为约束，与采购员签订‘廉洁自律承诺书’，从源头上杜绝因回扣抬高售价损害消费者利益的行为。”赵石毛介绍，2020 年 10 月，门店在验货时发现两款 10 件特价羽绒服未注明厂址，他当即要求门店退回供应商。“对任何有损消费者权益的行为必须零容忍！”赵石毛坚定地说。

“经营者是消费维权的第一责任人，既是义务，也是责任。”采访中，这是赵石毛说的最多的一句话。多年来，他因为诚信经营、善待消费者，在当地赢得了良好口碑。2016 年、2019 年先后两次被评为“全国先进个体工商户”，2020 年被推选为湖南省消费者权益保护委员会委员。

资料来源：中国消费网，2021.3.11

爱讨论

和同学们讨论，顾客在邮轮免税店购物的时候，常见投诉有哪些呢？

爱学习

知识概要

要有效地处理顾客的投诉，首先要了解投诉出现的原因。其次，要掌握和运用合理的方法，按照合适的步骤来处理。比如，我们要能够热情接待前来投诉的顾客，认真聆听顾客的投诉；同时，要让顾客感觉到我们对他们投诉的认同，并向顾客展现我们认真处理投诉的态度。最后，要把握处理投诉的原则。

3.7.1 投诉出现的原因

顾客的不满对于销售人员一直是一件很头疼的事情，而商品的瑕疵、质量问题以及销售人员推销中的服务态度差、弄错订单和处理不及时是投诉出现的主要原因。

很多时候顾客的不满是因误解导致的。顾客向销售人员诉苦，无疑给销售人员解释或澄清的机会。一旦通过解释获得满足后，顾客对销售人员和产品的印象当然能够改观，甚至还乐于充当义务宣传员，替销售人员向别的顾客解释。

要知道，事实上销售人员能够直接倾听到的不满只占一小部分。假设产品中的不良品占产品总量的 25%（包括存在最轻微缺陷的）。这 25% 的不良品到了顾客手中，不可能全都被顾客发现。进一步假设顾客通过实际使用只发现其中的半数即 12.5%，倘若已经觉察缺陷的顾客由于工作过忙，没有向厂商或销售人员提出而凑合着使用，结果提出意见者又只占觉察缺陷顾客的半数，那么我们能听到不满的只占我们产品总量的 6.25% 而已。当销售人员获知顾客不满后由于各种原因不能及时处理，甚至可能随着时间拖延而不了了之，那么可能销售人员处理的不良品只有反馈回来的一半，即产品总量的 3.125%。由此可见，顾客反映不满的数量是少之又少，仅是冰山浮出水面的一角而已，这对销售人员来说怎能不应珍惜、不欢迎和不重视呢？

而销售人员对顾客的问题不重视，提出的问题一直积压没有解决，会导致顾客认为销售人员对自己不够尊重，从而也会导致退货，以及负面宣传等不良影响的发生。商品的问题在一定程度上没有销售人员的服务重要，所以为了避免在对客服务中由于销售人员所产生的投诉，销售人员就更加需要注重素质的培养以及服务环节中的细节。在应对顾客抱怨的过程中，销售人员最忌讳的就是回避和争辩。要敢于正视发生的问题，并以最快的速度进行解决，把顾客的事情当作自己的事情来做，站在他们的立场上来思考问题，对顾客表示抱歉，那么，你就一定能够化干戈为玉帛，化抱怨为感谢，化怀疑为信赖。最重要的是，这个顾客可能将会是你永远的顾客。总之，销售人员需要记住，不管谁对谁错，都必须保证：当顾客因不满而找上门时，在态度上总是能够百分百地满意。

3.7.2 投诉的处理方法

1. 热情接待

受敬使人气平，受礼使人气消。像接待朋友一样热情地接待抱怨的顾客，让顾客坐下，泡一杯热茶、递几块糖果等，能够很好地安慰顾客的情绪。例如，顾客刚刚购买的昂贵手表在开盒之后就发现了刮痕，这个时候顾客肯定对免税店手表质量是十分生气的，当他气冲冲走进免税店时，销售人员泡上一杯热茶，请顾客坐在一边，认真倾听顾客投诉，顾客很快就会冷静下来。不要因为顾客是来投诉的就产生回避心理或者不想接待，作为销售人员我们还是一样要用积极真诚的态度面对顾客。站在顾客的角度帮助他们解决问题。要相信没有解决不了的问题，在我们保持着信心为顾客解决问题的同时，保持耐心和顾客进行沟通。

这其实也是有心理学依据的。据心理学研究表明，人的情绪高低与身体重心高度成正比，重心越高，情绪越容易高涨。站着沟通往往比坐着沟通更容易产生冲突，而座位越低则发脾气的可能性越小。因此，处理顾客投诉时要尽量让对方坐下谈话，让对方放低重心，避免和对方站着沟通。甚至可以在接待投诉的地方专门放几组特别矮的沙发，而且只要一坐就会陷下去，起来时还会觉得费力，那么顾客身体一收缩重心自然下移，自然就不太容易发火。此外，如果顾客情绪依然没有平稳，则可以考虑请对方换一个场所谈话。比如，“这里房间小，凳子也很不舒服，请您到另一间办公室吧，那里沙发坐着舒服，我再给你泡杯茶。”此外，如果顾客是在店内或者人流量大的地方进行投诉时，尽量引导顾客到人流少的地方或者是办公室内解决，不要影响店内的正常运营。

2. 认真聆听

许多销售人员不等顾客说完，就急忙将其打断，迫不及待地进行解释。这是极其错误的行为，反而会激怒顾客。要知道，顾客向我们投诉，主要的目的是向我们倾诉他们内心的种种不满和意见，希望我们能帮助他们解决问题，而不是希望来听我们的解释、说明或辩护的。而让顾客倾诉，也许就能消除其愤怒，使其情绪放松，就像给充满的气球放气一样。同时，在顾客发泄情绪的时候，用点头、微笑或适当的皱眉，表示你一直在倾听，并认真地记录下顾客投诉的要点，如图 3-28 所示。你可以以“6W2H”的提问方式，让顾客多说话，例如，“怎样”“何时”“谁”“为什么”等，每当顾客有需要时应立即澄清疑点，但不要提出带有判断性的问题，并且避免用不信任的语气质问投诉的顾客，例如，“你肯定事情确实是这样的吗？”“……恐怕不是你投诉的根本原因吧？”等等。如果你明显感觉到了顾客对于你的解决方式的不满，为了不让顾客的愤怒升级，你可以寻求同事的帮助，对接给合适的同事。让另外一个同事接待生气的顾客，这是另外一种转移顾客注意力的方式，可以使顾客更好地冷静下来。

图 3-28　认真对待顾客的投诉

3. 认同对方

尽量认同对方的看法，并对顾客提出意见表示感谢。我们可以这样对顾客解释：“多亏了您的指点，您有理由不高兴……”“对这个问题我也有同感……”“感谢您对这个问题的提醒……”，这样的对话往往可以平息顾客的抱怨。其中一个可取的技巧是，赞同投诉者一些没有谴责成分或不违反公司的方针和目标的说法。你可以尝试用以下短语表示对顾客的同情和理解：“我感到很遗憾发生这种事情。”“您说得对，谁都不愿遇到这样的事情。”“我知道您为什么这么生气了。”“我能想象您当时感到多么的麻烦。”“我非常理解您现在的感受。”等，那么前来投诉的顾客，脾气一定会越来越小的。

4. 认真处理

无论顾客情绪如何，其最终目的仍然是解决问题。如果你可以让对方感觉到这个问题正在或即将被处理，自然会逐渐平静下来。例如，准备好表格，让对方填写。通常，填写表格等于签字画押、十分正式，这样会让顾客觉得处理的程序非常规范，自己的投诉也得到了重视。拿出自己随身携带的小本子，在对方说话时记录下来。当对方快讲完时承诺一定会认真处理，同时将小册子放进口袋。在听完顾客投诉后，也可以简单地用语言回复："您放心，我们会尽快解决您的问题。"这些行动都在告诉顾客已经达到了投诉的目的了，能有效帮助其稳定情绪，最终随着问题的解决，大事化小、小事化了。

3.7.3 处理投诉原则

1. 迅速及时

迅速及时是在处理顾客问题时最基本也是最重要的原则。如果能当场解决问题，绝不要拖延到明天。如果不能当场解决，也要采用合理的方式答复顾客。

对于那些信息充分、可以确定无疑地做出判断，并且有足够权限采取行动的投诉，投诉处理者应立即答复顾客，越快越好；对于那些投诉的信息还需要进一步调查或验证才能做出判断，或者没有足够权限采取行动的投诉，投诉处理者应告诉顾客延期答复的时限，并通过何种方式来及时通知他们进展的情况；对于不在你职权范围内处理的投诉，需要转移给规定专业人员或机构进行答复。当你转移投诉时，你一定要确保将投诉转移给适当的人员或机构处理，并向这些人员或机构扼要叙述全部有关情况，转交相关材料，然后再让投诉顾客与这些人联络。

总之，一定要力争在最短的时间内卓有成效地解决问题。而且，还要征求顾客的意见，这样做既可以让顾客感到受到尊重，受到重视，也可以帮助我们更好地解决问题。

2. 积极面对

有些销售员会无视顾客的抱怨，等待问题自动解决，将顾客的不满抛到脑后，期待随着时间的拖延，让问题自动解决。这是不可取的，只会让后续的客户关系变得糟糕，而失去部分客户。销售人员应积极面对顾客的投诉，站在顾客的角度思考问题，而不是站在自己的角度思考。当销售人员可以开始理解顾客的时候，顾客也会因受到认同感而愿意配合销售人员工作从而解决投诉的同时，提升门店的服务口碑，如图 3-29 所示。

对于顾客的抱怨，无论大小，都必须慎重小心地加以处置。因为顾客之所以对你提出不满，表示他们还没有失去信心。当你对他们的意见未予重视甚至不理不睬时，顾客的不满会更加积聚并最终离你而去。

图 3-29　积极面对顾客的投诉

3. 征询意见

让顾客满意的方法才是最好的方法。在处理的过程中，一定要征求顾客的意见，这样做既可以让顾客感到受到尊重，受到重视，也可以帮助我们更好地解决问题。尤其是遇到比较固执的顾客，如果一时与之达不成一致意见，可以尝试以下方法，让顾客自己来寻找一种解决办法。例如，“现在您希望我做什么？”“您认为什么是解决这个问题的公平办法？”“怎么做可以让您满意？”等，如果顾客的提议没有超出标准，那就接受它。很多时候，顾客想要的东西可能比你能提供的东西还要少呢。如果超越了标准，就提出一个新的建议。

当然，假如顾客一直坚持某种无理的或办不到的要求，应当告诉顾客我们能够做什么，而不是你不能做什么。不断地强调这一点，不要采取不友好的态度或大声嚷嚷，直到顾客弄懂并接受你的提议。如果仍然无法达成一致意见，那就应当请出主管了。

顾客的投诉是顾客对商品以及服务品质不满的具体表现，销售人员对外应该稳妥地化解投诉，对内应该通过顾客的投诉去改善自己的不足，提升产品的质量和自身的服务态度，多站在顾客的角度去思考，送出自己的歉意并提出自己的解决办法，在事情还未恶化前以最快的速度进行解决。

邮轮销售实战案例 1：

销售：您好，女士，有什么可以帮您？

顾客：我前天来买过东西。你还记得我吗？

销售：当然记得啦，您是 Jessica 女士，您前天在我们这里买了一款包包。

顾客：记得就好，我刚才在房间才发现包包底部有磨损的痕迹，我都还没用呢。这样不合适吧？

销售：真的很抱歉，Jessica 女士！您有带包包过来吗？

顾客：在这呢，你们自己看一下。

销售：实在不好意思。我先看一下。

顾客：你看就是这里。

销售：很抱歉，Jessica 女士，由于我们没有仔细检查给您造成这样的麻烦，确实是我们的问题。您放心，我们帮您换一只崭新的。

顾客：嗯，行吧。那快帮我换一下。

销售：Jessica 女士，您先稍坐一下。现在店里面没有这款包了。我们的库房里面还有，我现在就让同事帮您去拿一下。

顾客：那要等多久啊，我 11 点半要去特色餐厅吃饭。

销售：要不这样，Jessica 女士，您先去吃饭，我这边帮您去库房拿好了先放在店里，您吃完了或者有空的时候再来拿可以吗？

顾客：下午一定要准备好啊，晚上我要收拾明天上岸游览的行李，明天想背这个包去岸上观光。

销售：再次向您表示歉意，很快就会为您准备好的，请您放心，咱们下午见！

顾客：好的。

邮轮销售实战案例 2：

顾客：我要找你们领导进行投诉。

销售：您好，女士。请问发生什么事了？有没有我可以帮您解决的问题呢？

顾客：刚才我在前面那个手表柜台，要试戴一块手表。你们员工说等一下。结果让我等了十多分钟，他又去忙其他顾客去了。我的时间不是时间吗？你们就是这样服务顾客的吗？

销售：非常抱歉让您有这样不愉快的经历，女士。是否可以让我带您到这边的贵宾区稍坐一下，我一定给您一个让您满意的解决方案。

顾客：行吧。

销售： 女士，刚才确实辛苦您在那边久等了。您先坐一下，我帮您倒一杯饮料吧。您是喝柠檬水、茶还是咖啡呢?

顾客：喝水就行。

销售：好的，我帮您去倒一杯水。

销售：女士，这是您的柠檬水，请慢用。刚才我去拿水的时候也问了一下手表柜台的那位同事，跟他说了您这边等了很久的情况。他也非常不好意思，让我给您转达他的歉意。因为今天实在太忙了，所以我们同事基本在同一时间要接待好几位顾客，所以会出现照顾不周的情况，让您这边时间等得太久了，希望能得到您的谅解。

顾客：我也知道你们忙，那也不能让我们顾客一直等着啊。我还想早点看完手表去户外甲板那边玩呢，再去晚了又要排队了。

销售：是的，女士。我非常理解您的心情，这里等待久了一方面确实容易让人比较着急，另一方面也会耽误您去玩其他项目的时间。不妨这样，您可以先去玩甲板上的户外项目，我们店一般下午两点多的时候顾客会少一些。到时候您在两点到三点这个时间段过来，我这边安排同事给您一对一的服务，到时候无论是帮您推荐手表还是试戴手表都没问题的，也不用排队等待了。

顾客：那也可以。到时候我直接过来就行吗?

销售：是的，到时候我也会在的。我就在隔壁的香水化妆品店里，您也可以先来香水店找我，我给您留一些香水小样，都是我们这边卖得特别好的产品，到时候拿给您哦。

顾客：可以啊，那么到时候我来找你吧。

爱实践

和同学们进行角色模拟，扮演国际邮轮免税店的销售人员，用本专题所学的知识和技能练习处理顾客投诉的场景。

专题3.8　邮轮商品零售英语话术

爱阅读

英文直播带货，助推国货扬帆出海

从教室到直播间

我是今年8月开始在跨境电商做英文带货主播的。而那之前的几个月我还在老家重庆的一家教育培训机构做英语口语老师。因为不喜欢安逸的工作，所以决定去深圳闯荡，寻找未来之路。

来到深圳前，我并不知道跨境主播这一职业。由于所学的专业是同声传译，所以先找了一份在酒庄当翻译的工作。受疫情影响，线下实体生意并不好做，而我一直对互联网感兴趣，所以工作之余我也在留意这方面的工作。

起初我只注意到国内电商，无论是普通百姓，还是当红明星都在直播带货，而且很多人做得都很好。我觉得直播带货的市场非常大，这个行业可以把普通人的价值放大，但是我进入国内电商的优势不大。我就想到了自己的语言优势，有没有这样的职业，用英语的形式把货品卖出去？当然一直以来在我脑海里是没有英文主播这个概念的。有了这个想法后，我就去各大平台搜索这样的关键词，发现真的有这个职业——“跨境电商带货主播”，就这样我正式入职了跨境电商公司。

做跨境电商的带货主播，语言表现力和销售力是很重要的两点。语言表现力，就是在镜头前语言上的感染力，而且这个感染力是要了解中外文化差异的。而销售方面，大学时我就做过很多和销售有关的工作，业绩都不错，并且特别喜欢这方面的工作。

我的第一场直播来得有点快，那天是8月14日情人节，我记得特别清楚。因为我是被临时推上场的，那天俄罗斯女主播突然生病，才来公司四天的我就这样走上了直播主播位置。幸运的是，外籍主播一个月没有卖出一单产品，而我那天却破零出单了，虽然出单不多，但对于整个公司整个部门来说是从0到1的变化，这一次的意外收获也鼓励了我和公司。

我的直播梦开头很顺利，但也并非一帆风顺。我也遇到过直播全程没有一个人观看的状况。早期，我的直播间评论区也充满着各种质疑声，“为什么你一个中国人要在这边直播卖衣服？”“中国货质量怎么样？”“我付款了你就会给我发货吗？”面对这些质疑声，我也曾被气哭过，有一次有人说我们的“商品这么便宜，是不是骗子？”我就直接“刚”了回去，“买了之后给我差评，我都可以接受，可以把钱退给你，但是没有买凭什么说我是骗子？”

我知道，对于国外的粉丝来说我是亚裔面孔，文化方面会存在一定的差异，所以我的表达要非常的地道，对方才会被说服，觉得我卖的东西是值得信赖的。

现在，我已经能很冷静地处理这些问题。会耐心地和对方讲清楚为什么我们的商品价格便宜，能给他们提供什么样的服务，就是想在这个平台上把中国好的产品用最实惠的价格分享给大家，我觉得这是一件很有意义的事情

从被质疑到圈粉

因为时差的缘故，现在每天凌晨四五点，我就开始为直播做准备。做一场直播并不容易，做跨境直播更难。首先我要调整作息，去迎合外国消费者的时间。而开播前，我们还要开策划会，和团队一起选品、整理材料，往往一个产品要准备好几页纸的资料。我要熟悉外国顾客在购物需求上的不同，比如尺码、颜色上面会有差异。只有对商品完全了解，才能在顾客有问题时及时解答。

北京时间每天早上九点到十二点或晚上七点到九点，是我的直播时间。开始前我还需要准备“话术”，我会考虑国外的消费者会对什么感兴趣，他们更喜欢怎样的表达方式。工作之余，我会花时间去浏览国外的各种网页、社交媒体、电商平台，了解他们产品的痛点、痒点和爽点，然后再提供给公司寻找相应的商品。

为了拉近和他们之间的关系，我会记住每一个买过我产品的人，当他们再进入直播间时，我会主动关注对方。打招呼时我会用他们新近的动态夸赞对方几句，比如头像换了啊，孩子很漂亮啊等类似这样的对话。如今，我的粉丝也越来越多，甚至还有很多铁粉。他们买完产品后，还会介绍很多朋友过来。会主动跟我做朋友，说以后如果去对方的国家，可以给我做导游，这个关系的转变让我很是感动，它跨越了种族，跨越了时间和空间。直播时我不会主动下播，就算时间到了，只要还有一个粉丝我就会一直播。而下播后我也不能下班。而是要复盘总结当天的直播有什么需要改进的地方，还要兼顾视频的拍摄，这就是我的日常工作，忙碌，但乐在其中。

我并不觉得累，特别是在镜头前，总是精神满满。对于我来说，这已不仅仅是一份职业。我更希望能成为外国网友们的推荐官、分享达人。我不仅是来卖东西的，更希望他们来到我直播间，感受中国制造的魅力。

从偏见到国货的好口碑

目前，我的直播间主要以销售女性服装为主，这些货品有一个共同点——全是中国制造。入行最大的感受是，以前国外消费者可能对中国制造的产品带有一些偏见，但是跨境直播这种模式的带货，让他们不仅能更直观地看到中国制造的产品好，而且价格优惠。而中国制造的好口碑不仅仅是来自我口头上说的，更多的是来自消费者。我很感谢互联网，让我用这种

方式，将中国制造分享给全世界。

虽然国内电商发展已经很成熟，但是跨境电商还是在起步阶段。入行三个多月我取得了一些小成绩，也受到了很多人的关注。特别是前不久，我有幸被邀请参加了2021中国企业家博鳌论坛，并上台分享新电商主题讲演——英语老师转型海外主播开启跨境电商新天地。现在，我高兴地看见越来越多的商家参与进来，我希望能通过我的方式把更多更好的国货推向全球。

我觉得跨境电商在某种程度上是源于时代造就的机遇，很感谢时代和国家提供的环境，让我能够挑战自己，在时代洪流中搏击风浪。

“双减”政策下的不少英语培训从业者都面临着事业转型的关口，很多人迷茫不知道未来去干什么。我的后台每天都收到几百条相关的消息，他们希望从事我这一方面的工作，询问这一岗位要怎么做，能不能培训一下之类的问题。我从不畏惧任何人的复制，如果可以，我希望给这些人提供一些帮助，我会陆续推出相关的课程发布出来，让想加入这一行业的人去学习，这样我才能发挥更大的价值。

资料来源：《中国妇女报》，2021.12.16

爱讨论

和同学们讨论，在进行邮轮商品零售的过程中，经常使用的英语话术有哪些？

爱学习

知识概要

在国际邮轮工作中，中国零售店员面对的顾客群体可能是中国顾客，也可能是外籍顾客。所以，能掌握商品零售全流程中必要的英语话术就显得至关重要。

在邮轮商品零售的不同环节，所需要使用的英语零售话术也各不相同，比如在迎接顾客环节，我们需要掌握用英语寒暄；在了解需求阶段，我们需要掌握用英文询问顾客购物喜好和要求；在推介商品环节，我们需要能灵活地运用英语进行商品特性和对顾客有益之处的介绍；在处理顾客异议环节，我们需要掌握用英语动之以情、晓之以理地打消顾客的顾虑；在附加销售环节，我们需要掌握用英语帮客人匹配额外的商品，来提高我们的营业额；在成交和欢送顾客环节，我们不仅需要用英语推动成交，表达对顾客的感谢，与顾客道别，更要在此基础上用英语表达出吸引顾客下次再来的理由。最后，我们还需要具备用英语处理顾客投诉的能力。

3.8.1　欢迎顾客的英语话术

1.Welcome to our duty-free shop!

欢迎光临我们免税店!

2.Welcome aboard! You have excellent taste in fashion.

欢迎光临！您对时尚有着出色的品味。

3.Welcome aboard! Your necklace is very beautiful!

欢迎光临！您的项链非常漂亮!

4.You have a great sense of fashion. I love your choice of attire.

您有很好的时尚品味。我喜欢您所选择的服装。

5.If you're interested in any particular item, please let me know. I'll provide you with more information.

如果您对任何商品感兴趣，请告诉我。我会为您提供更多信息。

6.Feel free to browse our products, and if you have any questions, please don't hesitate to ask me.

请随意浏览我们的商品，如果您有任何问题，请随时向我咨询。

7.May I introduce our special offers to you?

我可以向您介绍我们的特别优惠吗?

8.Hello! I hope you're having a fantastic cruise experience. How's everything going?

您好！希望您在邮轮上度过愉快的时光。一切都还好吗?

9.If you need any suggestions regarding sizes or colors, please let me know.

如果您需要任何尺寸或颜色的建议，请告诉我。

10.This perfume is one of our best-selling products and is very popular among ladies.

这款香水是我们的畅销产品之一，很受女士们的欢迎。

11.Would you be interested in our exclusive products?

您是否对我们的独家商品感兴趣?

12.Would you like to try some samples of our gourmet food?

您想尝尝我们的美食吗?

13. If you have any questions while purchasing any items, feel free to ask me. I'll provide you with detailed explanations.

如果您在购买任何商品时有疑问，请随时问我。我将为您提供详细的说明。

14.If you need to purchase gifts, I can provide you with some recommendations to ensure you find the perfect gift.

如果您需要购买礼品，我可以为您提供一些建议，以确保您选到完美的礼物。

15. If you would like to know about our latest promotions and limited-time offers, feel free to ask.

如果您需要了解我们的最新促销活动和限时优惠，请随时问我。

3.8.2 发现需求的英语话术

1.What specific products are you interested in?

请问您对我们的哪些产品感兴趣?

2.What type of gift are you looking for?

请问您需要购买什么类型的礼物?

3.Do you have any specific brand preferences?

请问您对品牌有特别的偏好吗?

4.Are you buying for personal use or as a gift for someone else?

您是自用还是作为礼物送给别人?

5.What price range are you looking for ?

请问您对价格范围有什么要求?

6.Do you need to choose based on specific health or dietary requirements?

您需要根据特定的健康或饮食要求进行选择吗?

7.Are you interested in eco-friendly and sustainable products?

您对环保和可持续性产品有兴趣吗?

8.Is there a specific occasion or event you're shopping for?

您是为了某个特定的场合或活动来购物的吗?

9.Are you looking for any specific ingredients or materials?

您在寻找任何特定的成分或材质吗?

10.Do you prefer classic or contemporary designs?

您更喜欢经典款还是现代款设计?

11.Are you searching for any specific brands or designers?

您在寻找特定的品牌或设计师产品吗?

12.Do you have any particular preferences for fragrances?

您对香水有特别的偏好吗?

13.What kind of style or design are you drawn to when it comes to fashion?

在时尚方面，您更喜欢哪种风格或设计?

14.Could you tell me a bit more about your preferences for wines or spirits?

您能多说一些您对葡萄酒或烈酒的偏好吗?

15.What are some specific colors or shades you prefer when it comes to cosmetics or make up?

对于化妆品，哪些具体的颜色或色调是您偏爱的?

3.8.3 推介商品的英语话术

1.This product features a sleek and modern design that is perfect for fashion-forward individuals. It will elevate your style and make a statement wherever you go. Plus, its durable materials ensure long-lasting use.

这款产品拥有时尚而现代的设计，非常适合追求时尚的人。它能凸显您的着装风格，并在您的每一次亮相中都能吸引眼球。此外，它耐用的材质保证了长期使用。

2.Our exclusive line of skincare products is formulated with natural ingredients that nourish and hydrate the skin. You'll notice a visible improvement in your skin's texture and appearance, leaving it healthy and radiant.

我们独家的护肤产品系列采用天然成分配制，能滋养和保湿肌肤。它会让您明显看到肌肤质地和外观的改善，并且使您的肌肤更加健康且光彩照人。

3.This fragrance has a captivating blend of floral and woody notes, creating a sophisticated and alluring scent that will leave a lasting impression. Its long-lasting formula ensures you stay fresh and confident throughout the day.

这款香水融合了迷人的花香和木质香调，营造出一种优雅迷人的气息，给人留下长久印象。其持久的配方确保您一整天保持清新和自信。

4.Our selection of luxury watches combines exquisite craftsmanship with precise timekeeping.

Each timepiece is meticulously crafted using high-quality materials, ensuring durability and reliability. You'll not only make a style statement but also enjoy the functionality and longevity of these watches.

我们的豪华手表选择将精湛的工艺与精准的时间相结合。每款腕表都经过精心制作，使用高质量的材料，确保耐用性和可靠性。您不仅可以展现个人风格，还能享受这些手表的功能和持久性。

5.This travel-sized beauty set is perfect for on-the-go individuals. It includes essential skincare and beauty products in a compact and convenient packaging. You can maintain your beauty routine while traveling without sacrificing quality or efficacy.

这款旅行装美妆套装非常适合旅行中的人士。它包括基本的护肤品和美容产品，包装紧凑方便。您可以在旅行中继续保持每天有效的肌肤保养。

6.Our selection of wines showcases a wide variety of flavors and aromas, curated from renowned vineyards around the world. Each bottle tells a unique story and provides an exquisite tasting experience. You'll discover new favorites and indulge in the rich culture of winemaking.

我们选择的葡萄酒展示了来自世界各地著名葡萄园的各种风味和香气。每一瓶都讲述着独特的故事，提供了一次精致的品酒体验。您会发现新的最爱，并沉浸在丰厚富饶的酿酒文化中。

7.This high-end luggage set is not only stylish but also highly functional. It features durable materials, spacious compartments, and smooth-rolling wheels for easy maneuverability. You can travel in style and have all your essentials neatly organized and protected.

这款高端行李箱套装不仅时尚而且功能强大。它采用耐用的材料，宽敞的隔层和平稳滚动的轮子，方便您灵活携带。您不仅可以以时尚的方式旅行，还可以将所有必需品整齐有序地整理和保护起来。

8.Our selection of gourmet chocolates is handcrafted using the finest ingredients. Indulge in the rich, velvety texture and exquisite flavors that will satisfy your sweet cravings. These chocolates make for a perfect gift or a treat for yourself.

我们的精选美食巧克力采用最优质的原料手工制作而成。沉浸在丰富、柔滑的质感和精致的口味中，将满足您对甜蜜的渴望。这些巧克力可以当作完美的礼物，也可以是给自己的一份甜蜜享受。

9.This portable electronic device combines cutting-edge technology with sleek design. It offers advanced features and functionalities that enhance your productivity and entertainment on the go. Stay connected and enjoy a seamless digital experience wherever you are.

这款便携式电子设备结合了尖端技术和时尚设计。它提供了先进的特性和功能，提高了您在旅途中的工作效率和娱乐性。无论您身在何处，都可以保持联系并享受无缝的数字体验。

10.This exclusive collection of jewelry is crafted with exquisite attention to detail. Each piece showcases intricate designs and the brilliance of carefully selected gemstones. Elevate your style and make a statement with these timeless pieces that will be treasured for years to come.

这个独家的珠宝系列注重细节的精湛制作。每件作品都展示了复杂的设计和精心挑选的宝石光彩夺目的品质。这些永恒的珠宝作品能凸显您的风格并发表自己的宣言，值得您珍爱多年。

11.The latest model of this smartphone offers a larger display with vibrant colors, a faster processor for smooth multitasking, and an enhanced camera that captures stunning photos even in low-light conditions.

这款智能手机的最新型号拥有更大的显示屏，鲜艳的色彩，更快的处理器，可以流畅地进行多任务处理，并配备了增强型相机，在低光条件下也能拍摄出令人惊艳的照片。

12.This travel adapter is compatible with multiple plug types and has built-in USB ports, allowing you to charge your devices conveniently while traveling internationally. It’s compact size and sturdy build make it a must-have accessory for frequent travelers.

这款旅行适配器兼容多种插头类型，并带有内置的USB接口，方便您在国际旅行中充电。其紧凑的尺寸和坚固的设计使它成为常旅客必备的配件。

13.Our selection of luxury watches combines timeless elegance with precision craftsmanship. Each watch is water-resistant, has a scratch-resistant sapphire crystal, and comes with a warranty, ensuring its durability and long-term value.

我们的豪华手表系列将永恒的优雅与精湛的工艺相结合。每只手表都具有防水功能，配备了耐刮擦的蓝宝石水晶，还附带保修，确保其耐用性和长期价值。

14.This gourmet coffee blend is carefully selected from premium beans, roasted to perfection to bring out rich flavors and aromas. With every sip, you’ll experience a smooth and indulgent coffee experience that will satisfy even the most discerning coffee enthusiasts.

这款美味咖啡是从优质咖啡豆中精心挑选而成，经过完美的烘焙以展现出丰富的风味和香气。每一口都将带给您顺滑而放纵的咖啡体验，甚至能满足最挑剔的咖啡爱好者。

15.This designer handbag is crafted from luxurious leather, featuring meticulous stitching and exquisite detailing. Its spacious interior, multiple compartments, and sturdy hardware make it a functional and stylish accessory that will elevate your outfit.

这款设计师手提包采用豪华皮革精制而成，具有精细的缝合和精致的细节。它宽敞的内部空间、多个隔层和坚固的金属使它成为一个功能性强而时尚的配件，可以提升您的整体造型。

3.8.4 处理顾客异议的英语话术

1.I understand your hesitation, but let me assure you that we offer a flexible return policy if you’re not completely satisfied with your purchase.

我理解您的犹豫，但请放心，如果您对购买的产品不完全满意，我们提供灵活的退货政策。

2.I can appreciate your concerns about the price. However, let me highlight the value and long-term benefits you’ll receive from this product.

我理解您对价格的顾虑。然而，请允许我强调一下您将从这款产品中获得的价值和长期好处。

3.I understand that you may have had a negative experience in the past, but I assure you that we strive to provide excellent customer service and high-quality products.

我明白您过去可能有过不好的经历，但请相信我们致力于提供优质的客户服务和高品质的产品。

4.I understand your budget concerns. Let me show you some alternative options that offer similar features at a more affordable price.

我理解您对预算的担忧。让我向您展示一些替代选项，以更实惠的价格提供类似的功能。

5.That’s a valid point. Allow me to provide you with more information to help you make an informed decision.

您的观点很有道理。请让我为您提供更多信息，帮助您做出明智的决定。

6.I understand your concern about the product's durability. Let me share with you some customer reviews and testimonials that highlight its long-lasting quality.

我理解您对产品耐用性的担忧。让我与您分享一些顾客的评价和证明，以突出其持久的质量。

7.I acknowledge your uncertainty. Allow me to provide you with additional information that showcases the product's unique features and how they address your specific needs.

我了解您的不确定感。请允许我提供更多信息，展示产品的独特特点以及它们如何满足您的特定需求。

8.I appreciate your perspective. Let me explain how this product can actually save you money in the long run by offering superior quality and durability compared to other options.

我理解您的观点。让我解释一下这款产品如何通过卓越的质量和耐久性，从而与其他选择相比，在长期使用中为您节省更多的费用。

9.I understand that you may have heard mixed reviews about this product. However, let me assure you that we offer a satisfaction guarantee, and if you're not happy with your purchase, we will gladly assist you in finding a suitable alternative.

我明白您可能听到了关于这款产品的好坏参半的评价。然而，请放心，我们提供满意度保证，如果您对购买的产品不满意，我们将很乐意帮助您找到一个合适的替代方案。

10.I can understand why you might have concerns about the product's compatibility. Let's check the specifications together to ensure it meets your requirements and works seamlessly with your existing devices.

我能理解您对产品的兼容性可能存在顾虑。让我们一起查看规格，确保它符合您的要求，并与您现有的设备无缝连接。

11.I hear your hesitation about the product's effectiveness. Allow me to share some success stories and testimonials from satisfied customers who have experienced great results with this product.

我听到了您对产品功效的犹豫。让我与您分享一些来自满意客户的成功故事和证明，他们使用这款产品后取得了显著的效果。

12.I understand your concern about the product's ingredients. Let me assure you that we prioritize sourcing high-quality and safe ingredients, and we can provide you with detailed information about the ingredients used in this product.

我理解您对产品成分的担忧。请放心，我们优先选择高质量和安全的成分，并且我们可以向您提供关于该产品所用成分的详细信息。

13.I appreciate your concern about the product's suitability for your skin type. We offer a complimentary consultation with our skincare experts who can assess your skin and recommend the most suitable products for your specific needs.

我感谢您对产品是否适合您的肤质的关注。我们提供免费咨询服务，我们的护肤专家可以评估您的肤质，并根据您的具体需求推荐最适合的产品。

14.The demand for this product has been incredibly high, and we have limited quantities available. I highly recommend securing your purchase now to ensure you don't miss out on it.

这款产品的需求非常高，我们的库存有限。我强烈建议您立即购买，以确保不会错过它。

15.Many customers have already taken advantage of this special offer, and we're running low on stock. If you want to experience its benefits, I suggest making your purchase as soon as possible.

很多顾客已经利用了这个特别优惠，我们的库存已经不多了。如果您想享用这款产品，我建议您尽快购买。

3.8.5 附加销售的英语话术

1.Did you know we have a special offer on this perfume? It complements your purchase perfectly and enhances your overall experience.

您知道我们对于这款香水有特别优惠吗？它与您购买的产品完美搭配，可以提升您的整体体验。

2.Many customers who bought this watch also found the leather strap to be a great addition. Would you like to consider adding it to your purchase?

很多购买了这款手表的客户也发现皮表带是个很好的补充。您考虑将它加入您的购买清单中吗?

3.I wanted to let you know that we have a limited-time promotion on this handbag. It's a fantastic opportunity to get even more value from your shopping today.

我想告诉您，我们这款手提包有限时促销。这是一个绝佳的机会，它能让您在今天的购物中获得更多的价值。

4.If you're interested in enhancing your skincare routine, we have some great face masks available. They can take your experience to the next level.

如果您想在日常护肤上更进一步，我们有一些很棒的面膜可供选择。它们可以大大提升您的体验感。

5.I noticed you're purchasing this camera. Have you considered adding the memory card? It can enhance the functionality and convenience of your purchase.

我注意到您正在购买这款相机。您考虑过将存储卡加入到您的购买清单中吗？它可以提升您所购买的商品的功能性和便利性。

6.Our customers have been raving about this Bluetooth speaker lately. It's the perfect complement to what you're buying. Would you like to give it a try?

最近我们的客户对于这款蓝牙音箱赞不绝口。它是您所购买的产品的完美补充。您想试试看吗？

7.For your loved ones back home, consider adding this souvenir keychain. It's a small token that will remind them of your amazing cruise experience.

为了您在家的亲友，可以考虑将这个纪念品钥匙扣加入您的购买清单中。它作为一个小礼物，会让他们记得您的精彩邮轮体验。

8.Consider adding this photo frame to your purchase. It's a beautiful way to display your family memories from the cruise.

可以考虑将这个相框加入您的购买清单中。它是展示您在邮轮上家庭回忆的一种美好方式。

9.If you're looking to surprise your spouse, I recommend adding this luxury watch to your shopping bag. It's a timeless piece that they'll cherish.

如果您想给您的丈夫（太太）一个惊喜，我建议将这款豪华手表加入您的购物袋。它是一件会让您的丈夫（太太）珍爱的永恒之作。

10.Don't forget to pick up some souvenirs for your family members. We have a variety of options, from keychains to t-shirts, that they'll love.

不要忘记为您的家人带些纪念品。我们有各种各样可供选择的产品，从钥匙扣到 T 恤，他们会喜欢的。

11.Have you considered adding a matching necklace to complete your jewelry set? It will enhance the overall look and make a stunning statement.

您考虑过加入一个相配的项链来组成珠宝套装吗？它将增强整体造型，展现出惊人的效果。

12.This bracelet would pair beautifully with the earrings you've chosen. Adding it to your purchase will create a coordinated and elegant jewelry ensemble.

这款手链与您选择的耳环搭配非常漂亮，将其加入您的购买清单中，将打造出一个协调而优雅的珠宝系列。

13.I recommend adding a matching ring to go with the necklace you've selected. It will create a harmonious and balanced look.

我建议您加入一个相配的戒指来搭配您所选择的项链，将会创造出一个和谐平衡的造型。

14.Adding a stackable ring to your purchase will allow you to create a personalized and unique combination. Mix and match different designs to express your style.

将一个可堆叠戒指加入您的购买清单中，将使您能够创造一个个性化的独特组合。可以混搭不同的设计，展现您的风格。

15.I suggest adding a charm bracelet to your jewelry collection. It's a beautiful way to capture special memories and milestones.

我建议您将魅力手链加入您的珠宝收藏中。它可以以最美丽的方式让您留存特殊回忆和重要时刻。

3.8.6 成交与欢送顾客的英语话术

1.This is the perfect opportunity to treat yourself or someone special. Don't miss out on this amazing offer.

这是款待您自己或者赠送给对您有特别意义的人的一次绝佳机会。别错过这个惊人的优惠。

2.With this product, you'll experience luxury and style like never before. It's an investment in quality and sophistication.

拥有这款产品，您将体验前所未有的奢华和时尚。这是对品质和精致的投资。

3.I can see that you have a keen eye for quality. This item is a must-have for someone with your discerning taste.

我看得出您对品质非常挑剔。这款商品是您这样有眼光的人的必备之物。

4.Don’t hesitate to take advantage of our limited-time offer. It’s a rare opportunity to get this product at such a great price.

不要犹豫，抓住我们限时优惠的机会。以这样的优惠价格购买到这款商品是难得的机会。

5.Imagine how delighted you’ll feel when you have this item in your possession. It’s a true statement of elegance and refinement.

想象一下当您拥有这款商品时会有多么高兴。它是真正的优雅和精致的象征。

6.This is a one-time opportunity to own something truly extraordinary. It’s a rare find that will make you stand out from the crowd.

这是一次拥有真正非凡之物的机会。这很难得，将使您从人群中脱颖而出。

7.This is a limited edition product, and once it’s gone, it’s gone. Don’t miss your chance to own something truly unique.

这是一款限量版商品，一旦售罄，就再也没有了。不要错过拥有这个真正独特之物的机会。

8.I can see that this item has caught your attention. It’s a wise decision to make it yours today.

我看得出这款商品吸引了您的注意力。今天将它变成您的，是一个明智的决定。

9.This purchase will not only bring you joy and satisfaction but also elevate your style and presence. It’s a statement piece that will turn heads.

这次购买不仅会给您带来喜悦和满足感，还会提升您的风格和气场。它是一件会吸引众人目光的独特之作。

10.Our upcoming product launch event is just around the corner, and we’d love to have you as our guest. It’s an opportunity to discover the latest trends and indulge in a luxurious shopping experience.

即将举行的产品发布会就在眼前，我们非常期待您的光临。这是一个发现最新潮流、沉浸在奢华购物体验中的机会。

11.By choosing our store today, you’re automatically entered into a raffle for a chance to win a luxury gift. See you again here at 8 pm and wish you good luck.

由于今天您在我们店铺消费，您将自动参加抽奖活动，有机会赢取豪华礼品。我们今晚八点这里见，祝您好运！

12.As a valued customer, you're eligible for our referral program. Recommend our store to your friends and family, and when they make a purchase, both you and your referral will receive exclusive rewards. It's a win-win situation.

作为尊贵的客户，您有资格参加我们的推荐计划。向您的朋友和家人推荐我们的店铺，当他们购买时，您和您的推荐人都将获得独家奖励。这是一种双赢的方式。

13.Did you know that by making a purchase today, you'll receive a special voucher for a discount at our partner store on board? It's the perfect opportunity to explore more shopping options and make the most of your time on the cruise.

您是否知道，今天的购物，您将获得一张特别折扣券，可以在我们船上的合作店铺享受折扣？这是一个探索更多购物选择、充分利用您在邮轮上的时间的绝佳机会。

14.As a valued customer, we want to offer you an exclusive cross-promotion deal. If you visit our partner store and show your receipt from this purchase, you'll receive an additional discount on selected items. It's our way of making your shopping experience even more rewarding.

作为我们的尊贵客户，您将享受到我们特别准备的独家跨店促销礼遇。如果您到我们的合作伙伴店铺，并出示您这次购买的收据，您将获得指定商品的额外折扣。这是我们让您的购物体验更加丰富的方式。

15.As a special offer, we have partnered with the duty-free liquor store on board. If you purchase a bottle of your favorite spirits today, you'll receive a coupon for a discount at our store. It's an excellent opportunity to stock up on your preferred drinks and enjoy the savings.

我们于船上的名酒免税店铺合作，为大家带来额外的优惠。如果您今天购买一瓶您喜爱的烈酒，您将获得我们店铺的折扣券。这是一个极好的机会，囤积您喜欢的饮品并享受折扣。

3.8.7 日常投诉及处理方式的英语话术

1.I apologize for the inconvenience you've experienced. Let me personally assist you in resolving this issue.

对您遇到的不便我深感抱歉。让我亲自协助您解决这个问题。

2.Thank you for bringing this matter to my attention. I understand your concerns, and I'm here to make things right for you.

感谢您提出这个问题。我理解您的顾虑，并竭尽所能为您解决问题。

3.I’m sorry to hear about your dissatisfaction. Please allow me to investigate the matter and find a suitable solution for you.

很遗憾听到您的不满。请允许我调查此事并为您找到一个合适的解决方案。

4.We value your feedback and take customer satisfaction seriously. Let’s work together to address your concerns and find a resolution that meets your expectations.

我们重视您的反馈，并且认真对待客户满意度。让我们共同努力解决您的问题，找到符合您期望的解决方案。

5.I apologize for the misunderstanding. Allow me to clarify the situation and find a suitable solution to ensure your satisfaction.

对于这次误解，我深感抱歉。请允许我澄清情况并找到一个合适的解决方案，确保您的满意度。

6.I assure you that we take customer complaints seriously, and I’ll personally investigate the issue to ensure it doesn’t happen again.

我向您保证，我们非常重视客户投诉，并将由我自调查此事，以确保不再发生类似情况。

7.Your satisfaction is our top priority, and we appreciate your feedback. Let’s discuss your concerns in detail and find a solution that exceeds your expectations.

您的满意度是我们的首要任务，我们感谢您的反馈。让我们详细讨论您的问题，并找到一个超出您期望的解决方案。

8.I understand your frustration, and I apologize for the inconvenience caused. Please allow me the opportunity to rectify the situation and regain your trust in our services.

我理解您的沮丧，并为造成的不便向您道歉。请给我一个机会纠正这个问题，并重新赢得您对我们服务的信任。

9.Following up on our previous conversation, I wanted to ensure that the resolution we discussed has met your expectations. Could you please confirm if you’re satisfied with the outcome?

根据我们之前的对话，我想确保我们讨论的解决方案是否符合您的期望。能否请您确认一下，您对这个结果是否满意？

10.I hope the solution we provided has resolved the matter to your satisfaction. If there's anything else we can do to assist you, please don't hesitate to let us know.

我希望我们提供的解决方案已经满足了您的需求。如果还有其他任何需要我们协助的事情，请随时告知我们。

11.It's important to me that we've successfully addressed your complaint. Can you kindly confirm if the resolution we provided has met your expectations?

对于我们来说，成功解决了您的投诉，这一点很重要。请您确认我们提供的解决方案是否符合您的期望?

12.We understand your disappointment and would like to make it up to you. As a gesture of apology, we would like to offer you an exclusive discount on our premium collection. This will allow you to experience our finest products at a more affordable price.

我们理解您的失望，并希望能弥补您的遗憾。为了表示歉意，我们想为您提供我们优质系列的独家折扣。这将使您能够以更实惠的价格体验我们最好的产品。

13.In order to address your concerns, we have arranged for a personal shopping assistant to assist you during your next visit. They will be dedicated to ensuring that you have a seamless and enjoyable shopping experience.

为了解决您的顾虑，我们已安排一位个人购物助理，在您下次光临时协助您。他们将全心全意确保您拥有无缝愉悦的购物体验。

14.We understand that the issue has caused you inconvenience, and we want to make it right. As a token of our commitment to your satisfaction, we would like to offer you a complimentary service package that includes maintenance and cleaning for your purchased item.

我们理解这个问题给您带来了不便，希望做出补偿。我们承诺一定让您满意，所以我们想为您提供一个免费的服务包，其中包括对您购买的物品进行维护和清洁。

15.We apologize for any inconvenience caused and would like to offer you a complimentary gift card as a token of our appreciation for your understanding. You can use it towards your next purchase in our store.

对于造成的任何不便，我们深表歉意，并希望为您提供一张免费礼品卡，以感谢您的理解。您可以在我们的店铺中使用它作为下次购物的抵扣。

赞 美 篇

外媒：中国“直播带货”刺激了国民消费

中国电商直播规模正在经历爆炸式增长

美国有线电视新闻网（CNN）发布文章称，在中国，一个充满创造力的年轻群体正在崛起，他们争相涌入了电商直播领域。电商直播将娱乐与电子商务结合起来，受众通过观看实时视频，从主播那里下单、支付。有人将这个概念比作电视购物，但中国电商直播模式明显更现代、便捷，互动性更强。

根据中国互联网信息中心发布的第 45 次《中国互联网络发展状况统计报告》，截至 2020 年 3 月，中国网络购物用户规模达 7.10 亿，占中国网民整体的 78.6%；电商直播用户规模达 2.65 亿，占网购用户的 37.2%，占直播用户的 47.3%。

文章称，中国电商直播已经发展成为一个价值百亿美元的行业。这种商业模式是中国互联网文化的一部分，在新冠疫情期间，电商直播快速发展，已成为中国消费市场的“新浪潮”。

分析人士预测，电商直播的商业模式可能会在海外流行起来。例如，在东南亚部分地区，阿里巴巴旗下的平台允许商户直播推广商品；亚马逊公司也为西方用户提供了一个家庭购物流媒体视频中心。

根据风险投资公司凯鹏华盈的《互联网趋势报告》，早在 2016 年，电商直播就已经成为中国单位时间内转换利润最高的商业渠道，这个成绩远远超过了手机游戏、电视、广播、在线音视频等。在中国，直播购物市场规模正在经历爆炸式增长。

电商直播助力脱贫攻坚

受新冠疫情的影响，一开始，中国农产品传统供销渠道受阻，不少地区农产品滞销。但疫情带来冲击的同时，也给农产品电商直播带来了发展机遇。

早在今年 2 月，中国商务部发布了《关于进一步做好疫情防控期间农产品产销对接工作的通知》，通知指出，电商企业要通过扶贫频道、专区、直播带货等多种渠道提供流量支持，开通农户入驻绿色通道，拓宽滞销农产品销路。

为了破解农产品滞销困境，带动地区经济增长，多地领导干部开始走进网络直播间，为当地特色优质农产品带货，从热干面、小龙虾到茶叶、枸杞等，中国各地饮食文化通过直播间传遍大江南北。

CNN 称，“直播带货”已然成为中国在线扶贫新潮流，官员们“直播带货”在中国大陆蔚然成风。

不仅领导干部们通过直播卖货，一些生活在中国偏远贫困地区的农民、牧民也会通过个人直播，与受众互动，并售卖当地天然农牧产品。

生活在中国四川西部一个村庄的格鲁·卓玛就是这样的例子。她每天除了去山里采摘松茸等野生真菌，还在直播平台上与粉丝分享当地的风土人情、饮食特色等（图 3-30）。

图 3-30　正在采摘野生真菌的格鲁·卓玛

随着直播间的粉丝越来越多，卓玛收到的订单也一天比一天多。于是，她与当地村民建立了合作社，再借助直播平台，帮助村民们将农产品销往全国各地。2019 年，这个合作社在 5 个月的采摘季赚了 300 多万元人民币。

《时代》周刊报道了她的故事，并评论称，这是一个成功的脱贫故事，现代化的互联网技术，比如网络直播，能够有效地帮助中国偏远贫困地区的人们摆脱贫穷，创造收益。

8 月，瑞士《新苏黎世报》网站发表《中国通过直播摆脱贫困》的文章称，互联网和消费习惯的变化给中国农村地区带来新机遇。网络直播为客户提供实时观看机会，他们可以随时在直播间订购产品、付款。网络直播卖货，在消除贫困方面发挥着越来越重要的作用。

电商直播创造更多就业岗位

据 CNN 报道，8 个月前，一位叫孟胡（化名）的年轻人辞去了她在中国广州的空中乘务员工作，正式成为一名直播销售员。目前，她的直播间已吸引 40 多万粉丝。

孟胡透露，她现在一个月赚的钱相当于过去一年的收入，但工作时间比一般工作要长。她通常每天花 7 个小时在直播间里与粉丝交流，提供各种打折优惠和商品信息。每晚下了直播间，她还需要花几个小时研究计划销售的产品。

“你必须对产品很熟悉，镜头前要有活力和亲和力。如果你的视频不够吸引人，观众会觉得没什么意思，他们最多只看 5 ~ 10 秒，就会退出直播间。”孟胡说，“我每天要花大量时间研究我的工作。”

CNN 称，这样的工作充满挑战，但对于像孟胡这样的年轻人来说，持续的热潮既是机遇也是挑战。根据某直播平台统计，最具影响力的主播年收入可达上千万元人民币。

新加坡《联合早报》网站发文称，“直播带货”的销售模式，不仅拓展了网络销售的广度和深度，还为受疫情所困的普通民众创造了就业机会。与此同时，“直播带货”还刺激了国民消费。

今年 6 月，中国人力资源和社会保障部发布通知，将“直播销售员”列为新工种。CNN 称，中国官方将这一新兴职业纳入正式职业名单中，这将有助于中国创造新的就业岗位，为民众提供更多工作机会。

7 月，中国人民大学劳动人事学院发布《阿里巴巴全生态就业体系与就业质量研究报告》。根据该报告测算，2019 年阿里巴巴经济生态共蕴含就业机会 6 901 万个；其中，淘宝等电商平台共带动就业机会 4 976 万个，较前一年增长 894 万个。报告还指出，电商直播除了直播销售员，还诞生了助播、选品、脚本策划、运营、场控等多种新职业。

8 月，中国国家统计局发言人付凌晖表示，“直播带货、网络零售等增加了新型就业，对稳定就业发挥了重要作用”。此前，中国商务部也曾表示，“网络零售成为消费市场的稳定器，直播带货成为电商发展的新引擎”。

资料来源：央视新闻客户端，2020.9.8

模块 4　邮轮公司和邮轮免税店

邮轮零售知多少

国际邮轮免税店的发展和国际邮轮行业的发展密不可分。

我们要了解不同的邮轮免税店发展的特点，就需要了解国际邮轮免税店的发展历史以及不同邮轮公司的品牌特点。国际邮轮上面的免税店从最初的狭小的店铺，发展成如今占据了邮轮上最核心区域并且成为新颖和富有创意营销方式的购物综合体，其中的发展历程和目前百花齐发的邮轮免税店的特色都值得我们去了解和探索。

【学习目标】

通过对本模块内容的学习，学员们应该达成以下 3 个目标：

1. 知识目标

◆ 掌握邮轮免税店的发展历史和特色

◆ 掌握主流的邮轮公司知识

◆ 掌握知名的邮轮免税店铺概况

2. 技能目标

◆ 能够介绍邮轮免税店的发展历史和特色

◆ 具备详细介绍主流邮轮公司的特点和服务的能力

◆ 能够进行邮轮免税店的店铺布置和商品陈列

3. 素质目标

通过学习国际邮轮和邮轮免税店企业的运营和成就，培养学生的国际化意识和就业意识；同时，通过了解中免邮轮免税店和中资邮轮公司在邮轮行业中的发展，增强民族自豪感。

专题4.1　邮轮免税店的发展和特点

爱阅读

Starboard Cruise Service & Costa Toscana 强强联手，布局 LNG 动力豪华邮轮零售店

Starboard Cruise Service 宣布，公司与其合作伙伴歌诗达邮轮公司最近公布了其最新的度假零售体验（图 4-1）。

图 4-1　Starboard Cruise Service 与歌诗达邮轮合作营造度假零售新体验

新零售计划专注于可持续产品，现已在歌诗达邮轮的“托斯卡纳号”（Toscana）上推出。

歌诗达最新建造的 LNG 动力豪华邮轮于 3 月 5 日投入使用，并进行了一系列西地中海的航行。Starboard Cruise Service 免税店占地超过 5 500 平方英尺，横跨两层甲板，被命名为 The Galleria Shops。

Starboard Cruise Service 表示，该空间拥有 13 家专门的精品店，“吸引顾客在地中海航行时同步体验传统的托斯卡纳零售购物方式”（图 4-2）。

在商店内，歌诗达“托斯卡纳号”的顾客可以选择来自全球标志性品牌的精选商品，包括服装、手袋、手表、美容、高级珠宝等一系列新商品。

图 4-2 歌诗达“托斯卡纳号”上的 Starboard Cruise Service 免税店

零售礼宾服务是歌诗达独有的，于 2020 年在“托斯卡纳号”推出后回归，为客人提供个性化服务以及对顾客的个性化关注。借助这项服务，游客可以在客舱购物、预约私人购物、预约并安排由礼宾带领的商店巡游。

“我们与歌诗达邮轮长期而成功的合作伙伴关系使我们能够打造无与伦比的假期购物体验。歌诗达‘托斯卡纳号’的地中海港口、独家精选的零售产品和高品质服务自然会吸引歌诗达更多的宾客。”Starboard Cruise Service 总裁兼首席执行官 Lisa Bauer 说。

为了履行歌诗达“托斯卡纳号”对可持续发展的承诺，Starboard Cruise Service 还提供来自 Engrace Diamonds 系列的独家精选钻石戒指、手链、耳环和吊坠，这是世界上第一款可在海上提供的合成钻石。

该公司表示，“与传统的钻石开采相比，工程钻石的生产用水量减少了 5%，环境影响减少了 1/7。”

其他的零售产品包括来自复古精品店 What Goes Around Comes Around 精选的复古奢侈品设计师手袋和围巾。

当这艘邮轮在地中海航行时，这些商店也将提供以目的地为中心的产品。

“Costa 与 Starboard Cruise Service 的持续合作为我们的邮轮带来了独特而成功的零售产

品。随着我们最近的品牌重塑，邮轮零售已成为顾客在航程和船上体验不可或缺的组成部分。我们期待像 Starboard Cruise Service 这样的合作伙伴能够像我们一样专注于创新和对可持续探索新目的地的关注。”歌诗达邮轮总裁 Mario Zanetti 说。

资料来源：邮轮村公众号，2022.3.16

爱讨论

和同学们按照小组进行讨论，在歌诗达“托斯卡纳号”上运营的 Starboard Cruise Service 免税店有什么特色？

爱学习

知识概要

邮轮免税店是各大邮轮公司提高船上收益的重要途径之一。邮轮免税店不仅仅是给顾客提供免税商品和纪念品，同时也是邮轮公司达成良好游客体验的必要组成部分。

正如诺唯真邮轮负责船上收益运营的高级副总裁罗斯·亨德森（Ross Henderson）所说，邮轮免税购物对游客是非常有吸引力的，邮轮购物是邮轮度假旅游必不可少的部分。然而，在过去的二十年中，由于游客的购物需求和品味的提升，邮轮免税购物的业态经历了明显的变化，从最初的销售纪念品到现在为游客提供更加多元化的体验。

早期的邮轮往往在不显眼的位置运营着面积狭小的商店，里面主要销售的是饰品、纪念品、免税的烟酒等。随着邮轮的体量越来越大，邮轮免税店的规模也日渐增加，更重要的是免税店的位置也逐步安排在邮轮上最核心的区域（图 4–3），比如中庭广场。但是在较长的一段时间里，免税店的售卖的商品依然变化不大，总体以珠宝、手表、烟酒和香水为主，因为这样是最保险和安全的策略。但是地中海邮轮的零售部门负责人安德里安·皮塔威（Adrian Pittaway）表示，现今，我们正在努力让邮轮购物和游客体验紧密结合，而不是将这两者分离开来。

一般来说，邮轮面积的大小决定了邮轮上购物区面积的大小。但大多数邮轮公司现在都在寻找优化这个空间的方法，经常把邮轮购物的行为带出商店的范围。例如，嘉年华邮轮公司（Carnival Cruise Line）在船上的咖啡厅售卖咖啡杯、在船上的酒吧售卖啤酒杯，甚至浴袍也可以在船上买到，配合这样丰富多彩的商品销售途径，让该品牌现在的年零售总额超过 3 亿美元。该公司负责零售服务的副总裁威廉·巴特勒（William Butler）表示："我们正在研究如何更好地将零售融入邮轮的整体环境，使船上购物对我们的顾客更有意义。"

图 4-3　邮轮上的购物区域

德国品牌途易邮轮（TUI Cruises）和爱达邮轮（AIDA Cruises）主要服务德国市场的顾客。德国的邮轮顾客相对理性、注重效率且非常关注产品的价值，所以也比较热衷于在邮轮免税店购物。从 Mein Schiff（途易邮轮的船名）开始，途易邮轮与旅游零售合作伙伴 Gebr. Heinemann（海尼曼）免税店采用了一种新的、独特的室内设计概念，将商店与客区结合在一起，形成一个没有门道分隔的蜿蜒开放的邮轮免税销售区域。爱达邮轮也采取了类似的方法。"AIDA 正从一家店的概念转向分散在几层甲板上的多家门店，让顾客可以在不同的店里浏览和消费。" AIDA 邮轮公司的船上收入总监卡斯帕·科赫（Casper Koch）表示。

而精致邮轮（Celebrity Cruises，皇家加勒比邮轮集团旗下的轻奢邮轮品牌）推出了一个新的"意外发现"（Serendipity）概念，船上的商店每天都在变化。

此外，该公司还推出了"感官购物之旅"，旨在调动顾客的五种感官：视觉、听觉、嗅觉、味觉和触觉。"我们船上的购物已经发生了巨大变化，"精致邮轮公司负责船上收入的副总裁迈克尔·麦卡锡（Michael McCarthy）解释道。"购买特色 T 恤和纪念品的日子已经一去不复返了，现在顾客们都在寻求升级的、独特的体验和产品。"

大多数邮轮公司的免税店经营业务都是外包给一家或者多家邮轮免税店运营公司进行经营。这些公司有的是大型的免税店公司，经营机场、港口邮轮和市内免税店，比如杜福瑞集团（Dufry Group），海尼曼（Gebr. Heinemann）和中免集团；还有的是专注于经营邮轮免税店的，他们的主营业务都在邮轮免税店经营上，比如斯达伯德邮轮服务有限公司（Starboard Cruise Services）和哈丁零售（Harding Retail）。另外，也不乏邮轮公司自己运营着免税零售业务，比如地中海邮轮。

邮轮公司的免税店里除了会销售国际知名品牌以外，近年来新的趋势之一，特别是在免税购物消费能力强的中国航线的邮轮上，邮轮公司或者经营免税店业务的外包商还会引进精品店，提供高端国际品牌产品。一些公司甚至将业务扩展到新的零售类别。与此同时，途易邮轮已经实施了一个跨品类的概念，将香水与纺织品和配饰放在一起，以激发顾客的购买欲望。

作为创新零售方式的一部分，邮轮公司也在寻求将购物融入邮轮上的日常活动。例如，皇家加勒比国际公司（Royal Caribbean International）在正致力于创造令人难忘的体验，而不是传统的交易型零售。该公司最新的邮轮“海洋交响乐号”（Symphony of The Seas）在船上最核心的区域——皇家大道（Royal Promenade）上面设有香水和美妆护肤产品馆，而在其免税商店则举办品酒会活动。这样可以更好地把邮轮旅客的日常休闲娱乐活动和免税店购物结合在一起。

而在嘉年华邮轮上，也不乏手表研讨会、威士忌品鉴活动、时装秀和珠宝讲座。地中海邮轮上，同样在其高端客舱游艇俱乐部（Yacht Club）套房内为乘客举办的仅限受邀者入场的设计师产品私人观赏活动。这样的活动不但可以作为邮轮休闲体验的一部分，让顾客大开眼界，学习新鲜知识，同时也是推广邮轮上免税店产品的重要途径。

歌诗达邮轮（Costa Cruises）也认识到了创造零售体验的潜力。“对我们的许多顾客来说，船上提供的购物机会和与购物相关的活动给他们带来了令人兴奋的体验，”歌诗达邮轮北美销售和营销副总裁斯科特·克努森（Scott Knutson）说，“我们的目标是采取柔和的方式，而不是硬推销售。我们希望我们的免税店给顾客营造的是温暖、友好和缤纷多彩的环境，这样我们的顾客就会感到舒适，并发现购物体验是愉快的。”

邮轮公司意识到顾客在邮轮度假期间日益增长的探索和购买商品的诉求，并且这样的需求不同于日常在岸上购物，所以邮轮公司除了举办传统的促销活动以外，更多的是让免税店工作人员与顾客在航程中建立关系，提升邮轮购物的体验，这样可以更好地促进顾客消费，实现更多的免税店营收，让邮轮零售部门和酒吧、特色餐厅、水疗中心和岸上观光等部门一起，为邮轮的营收贡献重要的力量。

爱实践

学习了邮轮免税店的发展和特点，请同学们制作一个关于邮轮免税店的发展和特点的PPT，并且用PPT给同学们做一个10分钟左右关于该主题的展示讲解。

专题4.2　邮轮公司和邮轮免税店

爱阅读

中免的邮轮海上免税店"野心"

继世界最大单体免税店后，中国海上最大免税店又被提上了日程。12月12日，中船邮轮旗下的国产首制大型邮轮"爱达·魔都号"（Adora Magic City）正式宣布与中免集团旗下全资子公司中免邮轮服务有限公司（以下简称"中免邮轮"）达成战略合作，双方将合作为爱达邮轮首艘国产大型邮轮建造中国海上大型免税购物中心。作为国内免税龙头，中免集团觊觎邮轮免税领域已久，此番欲借"国产大邮轮"再布一子。不过，对于坐拥国内千万会员的中免集团，在邮轮免税领域运营也将面临着人力、物流成本高企等多重挑战，未来能否突破重围，受到邮轮消费者的青睐，仍需要在选品和定价上下功夫。

拥有近2000平方米购物空间

前脚世界最大单体免税店刚开业不久，后脚中国海上最大免税店又走进公众的视野。12月12日，据中免集团微信公众号消息，中免邮轮中标爱达邮轮免税店经营权。

据悉，"爱达·魔都号"将建造近2 000平方米的中国海上最大购物空间，其中将建设开放式购物大道，商品包含设计师新作、高端珠宝、轻奢服饰、国货美妆、定制首饰、艺术藏品等十余品类的全球潮流名品。同时，"爱达·魔都号"还将引入国潮品牌及文创艺术商品，并打造特色购物集市。

此次爱达邮轮将首艘国产大型邮轮船上免税店的独家经营权交由中免邮轮，这也是继爱达邮轮旗下"大西洋号""地中海号"之后，爱达邮轮与中免邮轮再度合作。据了解，2018年6月，中免集团成功获得"大西洋号"邮轮免税经营权，开启了邮轮免税业务。2022年

2 月，中免邮轮成功获得爱达邮轮“地中海号”船上免税店未来不少于三年的独家经营权，其免税店区域预计将扩大至 600 平方米。

对于此次战略合作，爱达邮轮有限公司首席执行官陈然峰表示：“作为全新中国邮轮自主品牌，爱达邮轮将深耕中国市场，打造真正受国人喜爱的高端邮轮度假体验。此次合作双方将发挥资源聚集优势和业务协同效应，为中国宾客打造世界级一站式精品购物体验。”中免邮轮方面则表示，“此次爱达邮轮的中标不仅是我们在海洋版图上更上一层楼，同时也是对我们在邮轮免税渠道运营能力的肯定。”

不难看出，此次“祭出”中国海上最大免税店，也预示着中免集团想要在海上邮轮免税市场进一步发力。

2 400 万会员成优势

作为爱达邮轮旗下的首艘国产大型邮轮本就受到业界的关注，而此次“联动”，让中免邮轮也乘上了东风。

谈及首艘国产大邮轮的建造情况，爱达邮轮方面在接受《北京商报》记者采访时表示，“目前已经完成全船贯通的首艘国产新造大型邮轮总吨为 13.55 万吨，基于嘉年华集团全球广泛成功使用的 Vista 级平台，总长 323.6 米，型宽 37.2 米，最大吃水 8.55 米，最大航速 22.6 节，最多可容纳乘客 5 246 人，拥有客房 2 125 间，预计于 2023 年交付使用。”可以想象，拥有超过 5 000 人载客的邮轮，也将带来巨大的免税红利。

“中免集团为国内最大的免税集团，比国际免税集团更加了解中国消费者的购买需求，把能够满足中国消费者需求的免税商品及时地补充到邮轮上，是一件非常有利的事情。”资深旅游专家王兴斌还进一步分析指出，中免集团在海南离岛免税市场中几乎处于垄断地位，庞大的会员体系将使其在邮轮免税市场竞争中获益。这些用户拥有很强的消费能力，一旦出境游放开，海南旅游的游客就可以转化成邮轮出境游用户。

根据中国中免发布的 2022 年三季度报告，中国中免注重会员体系运营建设，截至目前，中免会员数已超过 2 400 万。

另据咨询公司贝恩的数据，在 2020 年之前，中国消费者是全球奢侈品消费最多的消费者，消费总额占全球销售额的 1/3（930 亿欧元）。

“此外，在邮轮上开设免税店还可以进一步扩大中免集团的销售面和影响力。”王兴斌还说道。

人力、物流成本成新挑战

作为国内免税龙头企业，中免集团虽然坐拥客源优势，但在相对较新的邮轮免税市场，仍然面临不小的运营挑战。

有业者分析指出，对于中免集团这样较新的邮轮免税玩家，给船方的佣金可能会比老玩家要多一些，并且除佣金外，邮轮免税店能否保持盈利状态，对于新玩家来说也是一个难题。

另有某邮轮公司从事该方面业务的高管告诉《北京商报》记者，“在船上最拉动客单价的是珠宝品类的免税商品，其次是化妆品。同时，消费者首先关心的是免税店中是否有其想要的品牌和款式以及整体的购物体验。这就对免税公司的运营能力提出一定的要求。”

除了供货渠道外，人力、物流的成本也是中免邮轮未来的挑战之一。“邮轮免税店的营业员也必须接受海事方面的培训并取得海员证，每个合同期内需要在船上待相对较长的时间，所以人力成本相对陆地上的免税店就会更高。另一方面，除基础备货外也需要根据顾客需求灵活配货和调整货品，对物流能力要求也更高。”上述邮轮公司高管还谈道。

谈及整体市场，上述邮轮公司高管表示，“就目前而言，邮轮的免税店业务仅占全球整个免税店业务中的一小部分。在疫情前，LVMH 集团旗下的邮轮购物公司 Starboard 占据了邮轮免税店经营较大份额，同时还有 Dufry 等其他主要的邮轮免税店玩家。”据公开资料显示，Starboard 成立于 1958 年，是邮轮零售行业的先驱。该公司在全球上百艘邮轮上设立了超过 700 家零售店，销售包括独家专属在内的高端产品。“未来，中免邮轮还有很长的路要走。”上述邮轮公司高管认为。

王兴斌表示，如果要真正走向世界，中免集团不仅要在我国自己的邮轮上面开设免税店，更应该走向国际。虽然中免集团拥有中国免税商品种类、价格等优势，但是从销售的能力、力度、渠道以及宣传方法等方面仍有需要完善的地方。

资料来源：《北京商报》，2022.12.12

爱讨论

通过阅读以上材料，请同学们分小组讨论一下中资邮轮免税企业和外资邮轮免税企业比较有何优势和劣势呢？

爱学习

知识概要

在国际邮轮上运营的免税店，主要分为两大类。一类是由专门从事邮轮免税业务的外包公司运营，比如斯达伯德（Starboard）、海尼曼（Heinemann）、杜福睿（Dufry）和中免邮轮等；另一类是由邮轮公司自主运营，最典型的代表就是地中海邮轮免税店。

在国际邮轮旅游行业，一般可以把邮轮公司品牌分为三大类。定位高端人群的奢华邮轮品牌有水晶邮轮和银海邮轮等。这一类邮轮的船型一般不大，但是载客量同样很少，能够为顾客营造宽敞舒适的人均空间和私人订制化的服务品质。另外，轻奢邮轮品牌，如精致邮轮、公主邮轮和荷美邮轮等，主要服务对邮轮度假品质有较高要求的乘客群体。这些邮轮尺寸巨大，不仅能够给顾客提供较为宽敞的活动休闲空间，还能够提供体贴细心的服务。而我们接触最多的就是定位大众市场的主流邮轮品牌，皇家加勒比邮轮、嘉年华邮轮、歌诗达邮轮和地中海邮轮等都属于该类别。而我国本土的邮轮公司星旅远洋邮轮也是如此定位。这一类邮轮公司总体上会提供尺寸巨大的船舶、丰富的餐饮选项和娱乐休闲设施。

4.2.1　公主邮轮

1. 公主邮轮介绍

公主邮轮（Princess Cruises）是嘉年华邮轮集团旗下的美国邮轮公司。该公司在百慕大注册成立，总部位于加利福尼亚州圣克拉丽塔。截至 2018 年，按净收入计算，它是全球第二大邮轮公司。目前隶属于嘉年华邮轮集团的 Holland America Group，后者对公主邮轮品牌拥有执行控制权。公主邮轮一共有 18 艘游轮，航行于全球航线，面向美国和国际乘客销售。

20 世纪 70 年代，公主邮轮塑造了海上邮轮旅游的新概念。1977 年，美国长篇电视剧《爱之船》以公主邮轮的“太平洋公主号”邮轮作为拍摄场地，吸引了上百万美国人的观看，至此公主邮轮的名字及其标志从此深入人心。

20 世纪 90 年代，公主邮轮不断更新、改善邮轮设施设备，所提供的服务也趋于多元化，力求使游客在船上可以按照各自的爱好选择适合自己的活动。公主邮轮的线路跨域全球，航线长度为 7~107 天。目的地包括加勒比海、阿拉斯加、欧洲、巴拿马运河、墨西哥、南太平洋、南美洲，夏威夷、非洲、加拿大和新西兰。公主邮轮是阿拉斯加游船度假的领导者，拥有 5

个河畔的荒野小屋，再加上 1 个车队的车辆和豪华长途客运，可以带领乘客通过 49 个国家。

2. 公主邮轮免税店介绍

公主邮轮免税店年复一年地被 *Porthole* 期刊评为“最佳船上购物”。在公主邮轮上商品品牌众多，除了当地的手工艺品和纪念品外，还有一系列精美商品每天的免税和折扣加起来最多可以比美国建议零售价低 30%。

并且公主邮轮免税店是一个全球影响力的品牌，处处贴心服务。公主邮轮免税店让顾客在航行到世界上各个航线的同时也可以享受购物。公主邮轮的商店主要分香水化妆品店、珠宝店、手表店、酒水店以及高级珠宝店。

公主邮轮的免税店从各种最好的品牌中进行选择，精选的高级珠宝以半宝石镶嵌和裸石为特色。免税店有种类繁多的太阳镜、围巾、帽子和手袋。免税店还有各种香水和化妆品系列。免税店提供最好的休闲和正式服装，包括最新男女时装。根据公主邮轮不同的航线，公主邮轮将提供各种各样的邮轮相关礼品和停靠港口纪念品，如图 4–4 所示，包括 T 恤、运动衫、帽子和各种物品，例如在北欧航线售卖具有俄罗斯特色的民族手工艺品俄罗斯套娃。

在离岗前可以预订各个品牌的免税酒类，公主邮轮免税店也将在下船前准备好供顾客取用。便利店备有当地港口风味零食、洗漱用品、防晒霜等。

图 4-4　公主邮轮免税店售卖的停靠港口主题纪念衫

4.2.2　歌诗达邮轮

1. 歌诗达邮轮介绍

歌诗达邮轮是一家意大利邮轮公司，成立于 1854 年，自 2000 年起成为嘉年华公司的全资子公司。总部设在意大利的热那亚，该邮轮公司主要迎合意大利邮轮市场，该公司的 14

艘船均悬挂意大利国旗，但提供前往全球各国的航线。

歌诗达的豪华邮轮的外观以及内部装潢，都弥漫着一股意大利式的浪漫气息，在美丽的欧洲海域，歌诗达船队以艳黄明亮色调的烟囱，搭配象征企业识别标志的英文字母 C，歌诗达邮轮每艘邮轮都是按照意大利的风格与传统设计完成。歌诗达所创建的这些壮观的船只位列当代最美丽的船舶之中，好似一艘艘漂浮的宫殿，并为顾客们提供舒适、方便的感受和一切设施，以供其享受。歌诗达邮轮上的艺术品由设计者精心打造，花费了数百万美元，包括雕塑、绘画、壁饰、壁挂和工匠手制家具。配有超大房间，其中大部分房间能够观赏海景并附有阳台，为游客提供宾至如归的舒适感受。

2. 歌诗达免税店介绍

歌诗达"威尼斯号"邮轮（Costa Venezia）拥有超 7 000 平方米的零售空间（图 4-5），在一个 2 层的威尼斯式购物亭中，由 Starboard 邮轮免税店运营。歌诗达"威尼斯号"邮轮具有世界上最著名的品牌，包括众多服务品牌，以及 30 个国际美妆护肤品牌，可以供顾客从中选择。

图 4-5 歌诗达邮轮"威尼斯号"免税店

4.2.3 地中海邮轮

1. 地中海邮轮介绍

地中海邮轮（MSC Cruise）总部位于瑞士日内瓦，并在意大利主要城市如米兰、威尼斯、热那亚、罗马、巴勒莫、巴里，亚洲区如日本、中国香港以及全球 36 个国家开设办事处。

地中海邮轮把MSC三个字母镶嵌在指南针图案中间视为其标志，代表在MSC邮轮的世界里，顾客永远是中心。指南针本身象征着公司邮轮将驶向各个方向，从而达到公司的长远目标。由于MSC邮轮独特的意大利风格，使它与其他邮轮公司区别开：船上热情的招待，剧院装饰、设计、好客、美食、气氛，都反映了公司“意大利制造”的理念，这也是MSC邮轮的特别之处。地中海邮轮非常注重每艘邮轮的风格和舒适度，其设计灵感来源于意大利的高雅，既有豪华酒店的舒适环境，又有在家一般的随意氛围。

2. 地中海免税店介绍

在地中海邮轮的免税店中，特色的珠宝首饰店犹如一个闪闪发光的仙境，展示着精心设计的金饰、银饰、宝石、半宝石和手表。地中海邮轮的免税店含有种类繁多的珠宝、衣服、饰品类等商品。

地中海“荣耀号”（MSC Bellissima）拥有船队中最大的免税店购物区（图4-6），面积超过740平方米。地中海邮轮一直在寻求如何丰富船上体验，所以在零售方面，地中海“荣耀号”免税店想提供的不单纯是一个经典的购物广场，同时它不断寻求将海上购物提升到一个新的层次，以体验的方式，将购物与娱乐相结合。地中海邮轮与合作品牌携手合作，寻找适合邮轮环境的产品。地中海“荣耀号”的地中海式长廊充满了“零售娱乐”，因为地中海“荣耀号”是第一艘由零售团队直接与娱乐团队合作的邮轮，以确定让顾客用参加派对的心情来参与购物。其中一个例子是20世纪60年代主题的“Flower Glory party”，在派对上，有了合作伙伴品牌商的帮助，顾客们购物和聚会两不误，或赢得独家T恤，或购买限量版墨镜，因此提升了顾客购物体验。

图4-6 地中海“荣耀号”免税店

商场的氛围将通过夜间零售活动得到加强，包括比赛、优惠、时装秀和幸运抽奖，在一个有趣的、互动的购物体验中，完成独家促销。在地中海“荣耀号”拓展的体验式零售空间中，将新增 3 家店铺，共计 13 家，此外还将增加 200 个主要品牌。

4.2.4 皇家加勒比邮轮集团

1. 皇家加勒比邮轮集团介绍

皇家加勒比邮轮有限公司总部位于美国佛罗里达州迈阿密，旗下的皇家加勒比国际邮轮（Royal Caribbean International）是全球领先的邮轮领导品牌，共有量子、绿洲、自由、航行者、灿烂、梦幻、君主 7 个船系的 25 艘大型现代邮轮，每年为游客提供 200 多条精彩纷呈的度假航线，畅游全球近 300 个旅游目的地，遍及加勒比海、阿拉斯加、加拿大、欧洲、中东、亚洲、澳大利亚及新西兰等 70 多个国家和地区。

2. 皇家加勒比与 Starboard Cruise Service

Starboard Cruise Service 成立于 1958 年，一直是邮轮零售业的先驱。自 2000 年以来，Starboard Cruise Service 一直隶属于 LVMH 集团。Starboard Cruise Services 设计出将探索与休闲娱乐融为一体的可传递零售体验。海上零售是一种“通过讲述故事促进销售”的方式，训练有素的销售专家为顾客带来无与伦比的体验、引人入胜的传奇故事和令人难忘的回忆。零售空间占地面积从 200 至 1 200 平方米不等，专为展示产品和举办促销活动、展览和研讨会而设计，营造出热情友好，轻松愉悦的购物体验。

不同于很多邮轮公司自设的免税店，Starboard Cruise Service 与不同的邮轮公司进行合作，按邮轮公司定制其零售产品，以提供一种能够激发和愉悦各个游轮公司顾客的体验。邮轮乘客享受独特的发现和娱乐体验，通常会通过购买来庆祝他们的假期。产品范围从高级珠宝、瑞士钟表和皮革配饰等高端商品到美容产品、烈酒、配饰或服装的平价商品。细心的 Starboard Cruise Services 员工竭力迎合邮轮顾客，因为邮轮乘客不受时间限制，喜欢花时间探索新品牌和经典品牌。在邮轮上，产品的质量、与销售顾问的关系以及客户体验相结合，创造了一种独特的娱乐和难忘的海上购物体验。Starboard Cruise Services 彻底改变了在邮轮上的购物方式，创造了一个独特的零售环境，让探索和娱乐成为购物体验的一部分。

3. 皇家加勒比“海洋光谱号”与 Starboard Cruise Service

Starboard Cruise Services 和皇家加勒比国际邮轮公司合作，在这家美国邮轮公司的第一艘超量子系列“海洋光谱号”（Spectrum of the Seas）上为亚洲购物者量身打造零售体验，如图 4–7 所示。“海洋光谱号”在上海推出可容纳 4 246 位顾客，零售面积超 7 000 平方米，拥有高端和个性化品牌的体验活动。为了满足购物者对国际高端品牌的需求，这艘船设有皇家加勒比舰队中最大的瑞士钟表店和 Starboard Cruise Service 有史以来最大的珠宝店（占地约 800 平方米），同时国际流行品牌也纷纷亮相。

图 4-7　皇家加勒比“海洋光谱号”Starboard Cruise Service 免税店

4.2.5　嘉年华邮轮

1. 嘉年华邮轮公司介绍

嘉年华邮轮是美国本土邮轮公司，被业界称为“邮轮之王”，成立于 1972 年，总部位于佛罗里达州的迈阿密。嘉年华邮轮集团以“快乐邮轮”（Fun Ship）作为其主要经营方向，是迄今最为庞大的豪华邮轮船队。嘉年华集团船队全年在欧洲、加勒比海、地中海、墨西哥、巴哈马航行运营；而季节性航线则有阿拉斯加、夏威夷、巴拿马运河、加拿大海域航线等。

2. 嘉年华邮轮免税店介绍

杜福睿（Dufry）现在在嘉年华邮轮上经营商店。在杜福睿运营的免税店里面，Cherry on Top 店铺负责售卖各种各样的糖果、新奇的小玩意儿和新奇的礼物。而 Carnival Store 店铺售有最新的邮轮标志商品和嘉年华纪念品，以及嘉年华特供船名定制商品。在杜福睿的商店里，可以找到为游客船上和岸上娱乐所需的一切，如防晒霜和服装。

嘉年华“英勇号”（Carnival Valor）上的免税店（图 4–8）位于船舶 Promenade 甲板的右舷和左舷。免税店构成分为固定店铺、展示区域、临时扩展区域和库存管理区域。

图 4-8　嘉年华“勇气号”上的免税店

嘉年华“地平线号”（Carnival Horizon）通过提供真正沉浸式的购物体验将这些购物区域带入邮轮的休闲娱乐生活，其中包括一个美容和香水吧，让顾客可以体验各种大牌化妆品、护肤品和香水，甚至在船上享受面部美容。

嘉年华“辉煌号”（Carnival Splendor）邮轮左舷的酒与烟草店铺设有一个烈酒品尝酒吧，乘客可以在这里品尝和购买世界上最好的烈酒。邮轮免税店在船上广阔的长廊内占据中心位置，将主要的传统免税产品类别（从精致手表到香水和美容产品）与各种著名的国际品牌结合在一起，非常符合该船的主要顾客群体的需求。

4.2.6　星旅远洋邮轮“鼓浪屿号”

1. 星旅远洋邮轮“鼓浪屿号”介绍

星旅远洋邮轮由中国旅游集团和中国远洋海运集团共同出资设立，总部设在中国香港，在厦门设有国内运营总部。“鼓浪屿号”是星旅远洋投入市场的第一艘邮轮，也是第一艘中国自主运营的邮轮，因而是真正可以称作“国货之光”的国产邮轮。

作为中国第一艘自主运营的豪华邮轮，这艘 7 万总吨、载客量达 1 880 客位的“鼓浪屿号”，在餐饮、休闲、娱乐等每一个环节，都将中国元素和国民旅游理念融入其中。船身以蓝白为主色调，包容的蔚蓝与纯净的白色融合为海天的颜色，象征着“以天为被，以海为床”的广阔梦想。

2.“鼓浪屿号”与中免集团

中免集团成立于 1984 年，是经中国国务院批准在全国范围内开展免税业务的国有公司。

中免集团自成立以来，始终秉承“分享购物的快乐、延伸旅游的享受”的企业使命，发展成为中国免税行业的代表和旗舰企业，是中国最大的奢侈品运营商。

“鼓浪屿号”免税店是中国旅游集团中免集团继获得爱达邮轮旗下的“大西洋号”邮轮免税经营权后，经营的第二家自主邮轮免税店（图 4–9）。邮轮免税店的开业，不仅是中国旅游集团积极响应国家吸引海外消费回流，满足居民消费需求和加速升级旅游消费的号召的具体表现，体现了集团对旅游要素和游客资源战略整合能力的不断提升，有助进一步优税领域的布局，引领消费回流，同时对集团产业升级，不断提升旅游有效供给，全力实现高质量发展也将具有重要意义。

图 4-9 星旅远洋“鼓浪屿号”邮轮上的免税店

新开业的免税店由星旅远洋邮轮与中免集团合作，店铺位于“鼓浪屿号”的第 6 和 7 层，拥有众多国际高端品牌，以及烟酒、皮具、箱包、服饰、太阳镜、食品等大众商品，为消费者在舒适的邮轮体验中提供方便快捷的一站式购物服务，未来也将结合“鼓浪屿号”的旅行航线提供限量限定产品、展开优惠促销。

爱实践

学习了邮轮公司和邮轮免税店，请选择一家邮轮公司旗下的一艘邮轮，用 PPT 介绍该邮轮公司、该邮轮公司旗下的一艘邮轮和该邮轮上运营的免税店的特点，并且给同学们做一个 15 分钟左右关于该主题的展示讲解。

赞　美　篇

国产首制大型邮轮“爱达·魔都号”6 月 6 日下水

2023 年 6 月 1 日起，外高桥造船在建的国产首制大型邮轮“爱达·魔都号”开始为期 6 天的出坞作业，预计 6 月 6 日下午在完成坞内系列试验后，该邮轮将出坞转入码头建造阶段，并计划于今年底完工交付。国产首制大型邮轮“爱达·魔都号”见图 4–10。

图 4-10　国产首制大型邮轮“爱达·魔都号”

国产首制大型邮轮出坞在即

6 月 2 日下午，记者在外高桥造船的船坞内见到了完成倾斜测试的国产首制大型邮轮。蓝色的“爱达·魔都号”（Adora Magic City）中英文名称醒目地出现在邮轮船头，点出其上海设计、上海制造的身份。

出坞是船舶建造的重要节点，也被称为下水。按照计划，“爱达·魔都号”从 6 月 1 日起正式开始为期 6 天的出坞作业。其间，将通过岸边牵引机控制邮轮的位置动态，开展倾斜试验、舷门冲水试验、救生艇脱钩和巡游试验等三项关键试验，对全船的质量、重心，以及救生艇、舷门的性能进行实船验证。若测试进展顺利，预计 6 月 6 日下午在完成坞内系列试验后，该邮轮将出坞转入码头建造阶段。

外高桥造船副总经理、大型邮轮项目总建造师周琦介绍称，“爱达·魔都号”出坞后将靠泊在外高桥造船 4 号码头，并安排两次试航。第一次试航计划在 7 月进行，第二次试航将在 8 月中旬进行。

“后续试航等工作开展顺利的话，我们打算在 11 月进行完工交付。”外高桥造船相关负责人表示，目前“爱达·魔都号”的工程完成进度已超 90%，船上内部装修进度超过 80%。目前施工主要集中于地面瓷砖和地毯安装，家具也逐步入场。

可以说，这艘从 2019 年底开工伊始便备受瞩目的大船，离大众的距离越来越近。

打造邮轮自主品牌

为了更好地运营国产首制大型邮轮，去年 11 月，中国船舶集团下属中船邮轮科技发展有限公司推出了中国邮轮自主品牌——爱达邮轮（Adora Cruises）。

公开资料显示，爱达邮轮方面与中免邮轮服务有限公司、中国电信股份有限公司上海分公司先后签署了战略合作协议，将携手在首艘国产大型邮轮上建造 2000 平方米的中国海上最大免税购物中心、“5G 邮轮”等。近日，爱达邮轮又宣布与中国积木原创品牌布鲁可达成战略合作，将在“爱达·魔都号”上，共同打造首座融合人工智能和 STEAM 课程的海上探索营。

据悉，“爱达·魔都号”交付后，将开启以上海为母港的国际航线，未来计划执航日本及东南亚航线，还将适时推出海上丝绸之路的中长航线。其愿景是作为一张移动的海上名片，带领中外游客体验“海纳百川，追求卓越”的海派文化。

带动产业配套发展

在突破国产首制大型邮轮建造过程中的各项难点后，我国高端造船业的工艺水平也再上一个台阶。截至去年底，中国船舶工业已逐步形成较为完整的邮轮产品谱系。

外高桥造船相关负责人介绍称，通过建造首艘大型邮轮，外高桥造船已跨行业、跨地区吸纳超 500 家全球供应商，并且在邮轮内装领域与来自美国、意大利的 54 家服务商建立合作。

作为浦东大企业开放创新中心之一，大型邮轮创新中心于去年 8 月 8 日在外高桥造船揭牌。外高桥造船相关负责人表示，大型邮轮创新中心是以外高桥造船为建设主体，以国产大型邮轮实船工程为核心依托，以赋能上下游产业链建设为根本任务的大企业开放创新中心。

据介绍，大型邮轮创新中心拥有面积超 13 000 平方米的联合工作场景和超 90 000 平方米的联合创新基地，已有 40 余家产业链优势企业入驻，大型邮轮创新中心下设大型邮轮数字化设计技术分中心、大型邮轮智能制造分中心、大型邮轮安全管控分中心、大型邮轮智慧物流分中心、大型邮轮内装工程分中心、大型邮轮材料性能试验分中心、大型邮轮焊接工艺技术研究分中心等 7 个技术分中心，为大型邮轮关键核心技术攻关提供有力支撑。

资料来源：《上海证券报》，2023.6.3

模块 5　免税商店员工管理

邮轮零售知多少

利润是免税店生存与发展的根本，而免税店所能获取的利润主要是靠销售带来的，因而销售额一直都是免税店的重中之重。然而令人遗憾的是，国内现有的销售人员水平参差不齐，在实际的管理过程中总是出现这样或者那样的问题，不但没能取得所想要的优异业绩，反而对整个销售团队的发展带来负面的影响。很多时候，管理人员会将问题归咎于销售人员的销售水平不行，然而能够带好团队的管理者才是最重要的，优秀的管理者对免税店销售团队的销售能力和销售业绩的提升有着巨大的作用。

因此，免税店销售管理者应从管理者角色定位、应当承担的责任、如何制定出有效的团队制度、设计团队的目标计划、缩减与团队成员之间的距离、提升团队成员的职业素质及业务能力、确保销售任务得到切实的执行等方面考虑，掌握带领销售团队时应该具备的管理方法与技巧，并注意根据团队的需求和情况进行调整和优化。

【学习目标】

通过对本模块内容的学习，学员们应该达成以下 3 个目标：

1. 知识目标

- 掌握职业道德基本知识
- 掌握工作绩效管理和员工培训知识
- 掌握团队精神以及团队合作的概念和内容

2. 技能目标

- 能够运用培养职业道德的方法提升员工的职业道德
- 能够熟练运用工作绩效管理和员工培训技能提升团队效能
- 善于运用团队管理技能提升团队凝聚力

3. 素质目标

培养学生爱岗敬业的精神和协作意识、服务意识、工作质量意识。

专题5.1　职业道德基本知识

爱阅读

向炒菜锅吐口水 厨师的职业道德哪去了?

近日，陕西西安郑先生一家去饭店吃饭时，因他觉得烩菜味道比较重，于是店里便提出给郑先生重做一份。随后，郑先生自称在重做的菜里，吃出了烟头，他便要求查看饭店后厨监控，谁承想却看到了更不可思议的一幕。从监控中可以看到，厨师不戴口罩炒菜，并且朝着正在炒菜的锅里吐口水。

据媒体报道，西安市雁塔区市场监管部门吊销了该餐厅经营许可证。商场方面也已责令该餐厅停业整顿，并对当事厨师做出了处理。

5 月 11 日，该餐饮企业通过官方微信公众号发出致歉信表示，将全力配合执法部门调查，给公众一个真相，对当事人及当时店面管理层做出严肃处理。致歉信写道，“此次事件的主要原因在于我们在管理上的监管疏忽，是由对员工的操作规范、岗前培训以及卫生制度的执行落实不到位造成的。我们也再一次感谢媒体和公众对于我们的工作做出的监督，我们愿意对此事件承担所有的法律和经济责任。”

资料来源：腾讯网，2020.05.26

爱讨论

无论从事什么职业，都应该始终遵守职业道德，坚持诚信、专业和负责的工作原则。阅读上述小故事后，请同学们和组员一起讨论：作为厨师应该遵守哪些厨师基本的行为规范？职业道德在工作中有哪些重要性？

爱学习

知识概要

在国际邮轮免税店员工管理上，对员工职业道德的培养是每一位管理人员应尽的职责。培养员工的职业道德，需要让员工了解职业道德的概念和职业道德的重要性。

5.1.1　职业道德的概念

职业道德就是从事一定职业的人在特定的工作和劳动中所应该遵循的特定的行为规范。它调节从业人员与服务对象、职工与职业、职业与职业之间的关系。

职业生活实践是职业道德产生的基础。在原始社会末期，由于生产和交换的发展，出现了农业、手工业、畜牧业等职业分工，职业道德开始萌芽。进入阶级社会以后，又出现了商业、政治、军事、教育、医疗等职业。在一定社会的经济关系基础上，这些特定的职业不但要求人们具备特定的知识和技能，而且要求人们具备特定的道德观念、情感和品质。各种职业集团，为了维护职业利益和信誉，适应社会的需要，从而在职业实践中，根据一般社会道德的基本要求，逐渐形成了职业道德规范。在古代文献中，早有关于职业道德规范的记载。例如，公元前 6 世纪的中国古代兵书《孙子兵法》中，就有“将者，智、信、仁、勇、严也”的记载。“智、信、仁、勇、严”这五德被中国古代兵家称为将之德。明代兵部尚书于清端提出的封建官吏道德修养的六条标准，被称为“亲民官自省六戒”，其内容有“勤抚恤、慎刑法、绝贿赂、杜私派、严征收、崇节俭”。中国古代的医生，在长期的医疗实践中形成了优良的医德传统。“疾小不可云大，事易不可云难，贫富用心皆一，贵贱使药无别”，是医界长期流传的医德格言。

职业道德与职业活动紧密联系，具有职业特征。职业的责任、义务和专业内容决定了职业道德的规范。随着职业活动的复杂化，它的内容和要求也将随之发展和完善。每一种职业道德规范只适用于一定的职业活动领域。如医生的道德规范主要是治病救人、救死扶伤，营业员的道德规范主要是公平买卖、信誉第一等。一般说来，职业道德的行业性主要体现在两个方面：一是调节他们同所服务对象之间的关系；二是调节同一职业内部人与人之间的关系。

社会上有多少种职业，就会有多少种职业道德。各种职业道德规范，是人们在长期职业活动中总结、概括、提炼出来的，随着社会的发展，职业道德的内容也不断调整、补充。

因此，职业道德具有多样性。各种职业为便于指导工作和实施职业行为，大多根据本职业的特点要求，采用一些诸如规章制度、工作守则、生活公约等简明适用、简便易行的形式，使职业道德规范具体化，既生动活泼，又易于实践。正因为如此，职业道德对从事职业活动的人们的道德行为就具有较强的适用性和约束力。

综上所述，职业道德是指在一定职业活动中所应遵循的、具有自身职业特征的道德准则和规范，其形成和发展直接受到职业活动的影响，是职业活动对人们行为的客观要求。职业活动是职业生活的基本内容，包括在自己的职业岗位上，按照职业要求从事业务活动，履行工作职责，使得职业对个人和社会的作用得以实现。在职业活动中，每一种职业都有它自己的生产或服务对象，都有各自活动的环境、内容和方式，都承担着不同的社会责任，具有不同的利益和义务。因此，对从事不同职业的劳动者应提出不同的职业要求，规定不同的职业道德规范。如医生和法官的职业不同，职责不同，服务对象不同，因而各自的职业道德也各不相同。

5.1.2 职业道德的重要性

首先，职业道德是所有从业人员在职业活动中应该遵守的基本行为准则，是社会道德的重要组成部分，是社会道德在职业活动中的具体表现，是一种更为具体化、职业化、个性化的社会道德。要做一个称职的劳动者，首先就必须遵守职业道德。职业道德是所有从业人员在活动中应该遵循的基本行为准则，建设良好的道德，可以反作用于经济基础，对于提高服务质量、建立人与人之间的和谐关系、落实为人民服务的宗旨、纠正行业的不正之风都具有其他手段不可替代的作用。在现实社会中，无论从事何种行业，都无高低贵贱之分，都是社会中的从业人员，是作为社会中的一分子进行活动的，都具有社会意义，同样具有社会责任感、使命感和光荣感。加强职业道德建设不仅是社会主义市场经济发展的客观要求，更是企业生存、发展的内在要求。同样加强职业道德建设是新形势下社会主义物质文明和精神文明建设的重要内容。

其次，职业道德是从业者综合素质的重要组成部分。职业道德一方面是一种外在的行为标准；另一方面是被从业者从内心认同的一种较为稳定的职业观念、职业情感和职业行为方式。如果说前者是“职业之道”的话，那么后者就是“职业之德”。对于个人发展来说，职业道德主要指的是后者。职业道德是从业者个人人格的重要组成部分。从业者的职业道德是一个人综合素质的重要组成部分。具体表现为职业观念、职业情感和职业行为方式。

换句话说，职业道德不是从业者的“豪言壮语”，而是对职业及职业活动的态度和行为。比如，一名医生就应该视救死扶伤为己任，毫不犹豫地将自己的聪明才智贡献给医疗事业。当出现意外时，总是首先出于职业良心而担负起自己应该承担的责任。无论在什么情况下，他总是认定这种职业是有意义和有价值的，是值得为之付出体力、智力和时间的。这实际上就是一种对职业的美好情感。

再次，职业道德是从业者自我实现的重要保证。职业道德有助于从业者正确定位人生理想追求。如果一个人将人生理想定位在纯粹的个人利益追求上，那么，他可能一辈子因无法满足自己的欲望而苦恼。一个人只有将人生理想定位在为社会贡献力量的方向上，他才能拥有豁达的情怀和良好的心态，才有可能在为社会做出贡献的同时使自我价值真正得以实现。一个从业者如果仅仅把职业道德看作对自己的约束，那遵守职业道德就是一件让人痛苦的事；相反，如果一个从业者能够认识到遵守职业道德不是自我牺牲，而是自我实现，那么遵守职业道德就是对美好境界的一种追求。实际上，一个从业者提高自己的道德和职业道德素养，既是社会的需要，也是个人的内在需要。我们要生存，就要使自己的行为符合社会需要；我们要自尊，就要使自己的行为得到社会认同；我们要有所成就，就要使自己的行为得到社会嘉许。从这个意义上讲，职业道德不是外在的规范，而是从业者人格在工作中的自然流露。正是这种自然的流露过程，使从业者的个人价值在社会中得以实现，人的品性得到升华。

从次，职业道德是调节职业活动中各种关系、各种利益矛盾的特殊手段，是调整职业关系的基本准则，对于维护社会的正常生产生活秩序起着重要作用，是对各个职业集体、各从业人员的特殊要求。职业道德所调整的职业关系包括两个方面：一是职业集体内部劳动者之间的关系。这种职业关系主要包括各部门之间的关系，同事之间的关系，领导和被领导之间的关系。对这种关系需要用职业道德来调节，通过这种调节，要求职业内部的工作者，为了同一目标和正当利益和谐地工作，即各部门之间要互相信任、互相配合、彼此兼顾，以全局利益为重；同事之间要团结一致、平等互助、礼貌相待、和睦相处，有助于增进感情、减少矛盾、避免纠纷；上下级之间要互相理解、互相支持，上级关心下级，下级要尊重服从上级，这样才能防止内耗的产生，使一定职业生活呈现整体的文明礼貌与和谐发展的可喜局面，共同完成好一定职业所要履行的社会职责。二是本职业与服务对象之间的相互关系。即，就是一定职业的劳动者与该职业以外的其他职业人员或社会上其他人员的关系。职业道德在这方面的作用，就是从本职业的性质和特点出发，使职业劳动者尽职尽责，更好地为他人为社会服务满足社会之所需，解决社会其他群众之所急。任何职业劳动者，都必须讲求职业道德，尽力满足它的职业服务对象的要求，给它的职业对象以方便，保证它的职业服务对象的利益，维护这项职业工作的信誉和尊严。职业道德贯彻得怎样直接影响该职业的生存和发展，哪种职业为社会、为服务对象服务得好，得到社会的认可和赞同，哪种职业就兴旺发达；反之，其发展就要受社会的制约。当然，职业道德必须要和一定的法律法规结合起来，才能发挥良好的社会作用。

最后，良好的职业道德有利于从业者职业技能的形成和发挥。职业技能是指各行各业专门的知识、学问和技术能力。现代职业技能一般包括以下三个层次：第一，与职业相关的科学文化知识和专业理论知识；第二，符合职业要求的操作技能；第三，一定的理论再学习和技术创新能力。一个人如果没有职业技能，就很难从事职业活动；如果职业技能水平低下，那么只能从事一些简单劳动。面对激烈的职业竞争，每个从业者必须牢固树立职业技能是立身之本的思想，充分认识到提高职业技能水平是自己最重要的职业保障。

爱实践

学习了有关职业道德的基础理论知识，请同学们总结归纳，并结合实例制作 PPT，向大家介绍作为一名邮轮免税店零售服务的销售应具备哪些职业道德?

专题5.2　工作绩效管理

爱阅读

制度的力量

18 世纪末期，英国政府决定把英国犯人统统发配到澳洲去。

一些私人船主承包了从英国往澳洲大规模地运送犯人的工作。英国政府实行的办法是以上船的犯人人数支付船主费用。当时那些运送犯人的船只大多是由一些很破旧的货船改装的，船上设备简陋，没有什么医疗药品，更没有医生，由于船主为了牟取暴利，尽可能多装人，船上条件十分恶劣。一旦船只离开了岸，船主按人数拿到了政府的钱，对于这些人能否远涉重洋活着到达澳洲就不管不问了。有些船主为了降低费用，甚至故意断水断食。3 年以后，英国政府发现：运往澳洲的犯人在船上的死亡率达到 12 %，其中最严重的一艘船上有 424 名犯人死了 158 名，死亡率高达 37 %。英国政府花费了大笔资金，却没能达到大批移民的目的。

英国政府想了很多办法。每艘船上都派一名政府官员监督，再派一名医生负责犯人和医疗卫生，同时对犯人在船上的生活标准做了硬性规定。但是，不仅死亡率没有降下来，有的船上的监督官员和医生竟然也不明不白地死了。原来一些船主为了贪图暴利，贿赂官员，如果官员不同流合污就被扔到大海里喂鱼了。政府支出了监督费用，却照常死人。

政府又采取新办法，把船主都召集起来进行教育培训，教育他们要珍惜生命，要理解去澳洲开发是为了英国的长远大计，不要把金钱看得比生命还重要，但是情况依然没有好转，死亡率一直居高不下。

针对上述情况，一位英国议会议员认为，这是那些私人船主钻了制度的空子，而制度的缺陷就在于，政府给予船主的报酬是以上船的犯人人数来计算的。于是，他提出改变制度：政府以到岸人数为基准来计算报酬，不论船主在英国本土载了多少犯人，到了澳洲上岸的时候再统计犯人人数，并支付相应报酬。问题由此迎刃而解。于是，船主们主动请医生跟船，在船上准备足够的药品，改善船上的生活条件，尽可能地把船上的每名犯人都能健康地送达澳洲，因为他们知道，只要少死一名犯人，自己就能多得一份收入。自此以后，船上的犯人死亡率降到了 1% 以下，甚至有些运载了几百名犯人的船只，经过几个月的航行，竟然没有一名犯人死亡。

资料来源：搜狐网，2022.8.3

爱讨论

上述故事中的原有制度的缺陷是什么？和同组的同学一起讨论，优劣制度的差别是什么？好制度的设计由哪些要素构成？

爱学习

知识概要

对员工绩效管理是否有效在很大程度上决定了邮轮免税店的营收成果。因此，邮轮免税店管理人员掌握必要的绩效管理技能尤为重要。进行绩效管理，首先要了解绩效的含义；其次需要掌握绩效目标和绩效计划的具体设定原则和内容；最后要懂得绩效计划的设定步骤。

5.2.1 绩效的含义与性质

1. 绩效的含义

绩效（performance）是组织的使命、核心价值观、愿景和战略的重要表现形式，也是决定组织竞争和可持续发展的关键因素。一般意义上，绩效指的是活动的结果和效率水平。对应于英文的 performance，中文词汇除了“绩效”，相近的还有“业绩”“实绩”“效绩”等概念。只是“绩效”这个概念不仅强调了工作活动的结果，也体现了导致结果的工作活动过程，因此得到人们的普遍接受。绩效是分层次的，按照被衡量的主体，绩效可以从宏观、中观和微观的角度划分为组织绩效、群体绩效和个人绩效三个层次。这三个层次密切相关：组织绩效、群体绩效是通过个人绩效实现的，离开了个人绩效，也就无所谓组织绩效和群体绩效；此外，从绩效评价的角度看，脱离了组织绩效、群体绩效的个人绩效评价是毫无意义的，个人绩效需要通过组织绩效、群体绩效来体现。因此，组织绩效管理的最终落脚点在于对员工个人绩效的管理。

2. 绩效管理的基本特征

根据绩效管理的含义及相关实践，可归纳出绩效管理的一些基本特征。

（1）绩效管理是防止员工绩效不佳和提高工作绩效的有力工具。这是绩效管理最主要的目的。

（2）绩效管理特别强调沟通辅导及员工能力的提高。绩效管理强调通过沟通辅导的过程以达到它的开发目的。绩效管理不是强迫员工工作的棍棒，也不是权力的炫耀。事实上，各种方式的沟通辅导贯穿整个绩效管理系统。

（3）绩效管理是一个过程，是一个包括若干环节的系统。绩效管理不仅强调绩效的结果，而且重视达成绩效目标的过程，它不是一年一次的填表工作；不仅是最后的评价，而且强调通过控制整个绩效周期中员工的绩效情况来达到绩效管理的目的。

（4）绩效管理不是简单的任务管理。任务管理的目的仅仅围绕实现当期的某个任务目标，而绩效管理则是根据整个组织的战略目标，为了实现一系列中长期的组织目标而对员工绩效进行管理。因此，绩效管理具有重要的战略意义。

3. 绩效管理的目的

（1）战略目的：组织的任何一种行为，包括人力资源管理的政策、财务的政策、销售的策略等，都是为了实现企业组织的战略的。作为人力资源管理下属的一个子环节——绩效管理也不例外，一定是为了实现组织的战略目标而设立或产生的工作行为。更确切地说，企业组织通过绩效管理的系统来激励员工朝着组织目标方向工作。比如，一个企业去年的经营目标就是维护好现有的客户，保证现有客户的订单数量，那么在绩效管理中，对于业务部门经理的考核目标重点要放在客户满意度上；但如果今年组织的目标改为争取拓展新客户或者在老客户上挖掘更多的商业机会，那么，绩效管理的办法可能就调整为将销售目标下放到每个业务经理。因此，我们说绩效管理是随着企业的经营战略、经营目标的变化而变化的。绩效管理的过程实际上也是向员工传达组织目标的一个机会。但有调查显示，实际上大部分企业绩效管理的侧重点仍然放在管理目的和开发目的上。

（2）管理目的：绩效管理的结果在大部分企业中都是员工晋升或降职、加薪或减薪、辞退或录用的依据，绩效管理在很大程度上是为了让不同工作表现的人得到不同的待遇，以激励员工更愿意朝着公司期待的目标结果工作，以及实现企业内部相对公平的一种办法。在这一点上，绩效管理主要承担着绩效考评的功能。有的企业在初创的时候通常是没有绩效考核的，因为人少，每个人每天做什么老板一清二楚，做得好坏也都是有感受的。但当企业发展到一定程度，人员越来越多的时候，老板只有精力去抓几个重要的人，比如部门经理，这时老板已经很难顾及再下一层员工的工作情况。在这种情况下，很多企业家都开始重视绩效管理的重要性，他们需要一个专门的部门或者专业人士，帮助监管每个人的工作。在这种情况下，绩效管理的目的主要是监管员工的工作，起到管理的作用。在实际工作中，大部分企业都侧重将绩效管理仅仅看作“管理”的功能，而忽视其“战略”的功能以及“开发”的功能，这点需要特别注意。

（3）开发目的：绩效管理的第三个目的就是对雇员进一步开发，以使他们能够更加有效地完成工作。当一个雇员的工作没有达到要求的时候，主管就需要分析绩效未达到的原因，找出是技能方面还是动机态度方面的原因，抑或是工作量太大、时间太紧等，然后帮助下属员工分析并提出改进的建议或意见。通过这样的过程，下属员工可以发现自己的不足或者说有待提高的地方，这样可以不断的进步，提高绩效。

5.2.2 绩效计划的设定原则和内容

绩效计划是整个绩效管理的起点，是指上级管理者和员工一起，在公司战略目标分解下来的基础上，下放到个人的绩效目标中，并对一些关键指标做清晰的描述，并与当事人形成绩效计划书。这个过程就是将公司的战略目标分解到个人，并让个人得以明确知晓的过程。

1. 绩效计划的设定原则

在进行绩效管理之前，必须对工作标准进行明确的定义，并就这些工作标准与员工进行沟通。这些标准应该以与岗位有关的需求为基础，而这些需求是通过工作分析得出的，它反映了岗位的职责和特征。当工作标准被正确制定的时候，这些标准会帮助企业将它的战略目标反映到对岗位的需求上，这种需求再传递给员工相应的工作水平、完成时间等相关信息。在制定工作标准时，需要遵循两个原则：这些标准是否与企业战略相关？这些标准是否可度量或可定量？战略的相关性指的是工作标准与组织战略目标的相关程度。比如，如果我们制定了一条工作标准：“保证销售的产品中 25% ~ 30% 是在过去 5 年内研制生产的”，那么，销售人员在进行销售的过程中，就需要按这条原则来指导自己的工作。可测量性指的是工作目标是可以清晰测量的，可以根据具体的标准来将工作绩效与所列标准相比较，从而确定工作完成的好坏。比如，我们不能将目标设定为“尽可能地扩大市场份额”，这样的目标没法测量，因为我们无法定义达到什么程度才是尽可能地扩大市场份额；我们只能给出具体的数字或比例，如“占有福建省 2/3 的市场份额”或“将现有市场份额扩大到目前的 1.5 倍”等，才能给员工以有效的行动指南。当工作标准以专业的、可计量的语句来表达时，依照此标准对员工进行的绩效考核是较为公正的。

2. 绩效计划的设定内容

员工考评的内容大致可以分为德、能、绩、勤四个方面。根据不同的需要，考评时有不同的侧重。

（1）“德”主要包括思想作风、职业道德等方面。

（2）“能”主要指工作人员从事本职工作的能力，即分析和解决问题的能力以及独立工作的能力等。具体地说，它主要包括学识水平、工作能力和身体能力等三个方面。学识水平：它包括文化水平、专业知识水平、学历、工作经历等。工作能力：它包括领导能力、管理能力、决策能力、计划能力、组织能力、监督能力、调控能力，以及反应能力、适应能力、预见能力、创造能力、表达能力、谈判能力等。身体能力：它主要是指年龄和健康状况两个因素。

（3）“勤”就是指勤奋精神。它要包括积极性、纪律性、责任感、出勤率四个方面。具体地说，就是是否具有良好的工作态度、事业心、工作责任感和服务精神；是否肯学肯钻，任劳任怨；是否达到规定的出勤率。

（4）“绩”，就是工作人员的实际贡献，即完成工作的数量和质量。它包括人员是否按时、按质、按量完成本职工作和规定的任务，在工作中有无突出成绩等。也可以从工作业绩、工作行为、工作能力和工作态度四个维度对员工进行考评。

在绩效周期开始的时候，管理人员和员工必须对员工工作的目标达成一致的契约。形成绩效计划的过程是一个双向沟通的过程。所谓双向沟通，也就意味着在这个过程中，管理者和被管理者双方都负有责任。设定绩效计划不仅仅是管理者向被管理者提出工作要求，也不仅是被管理者自发地设定工作目标，而是需要双方进行互动和沟通。在这个过程中，管理人员要向被管理者解释和说明的是：组织整体的目标是什么？为了完成这样的整体目标，我们所处的业务单元的目标是什么？为了达到这样的目标，对被管理者的期望是什么？对被管理者的工作应该制定什么样的标准？完成工作的期限应该如何制定？被管理者在开展工作的过程中，有何权限与资源？被管理者应该向管理者表达的是：自己对工作目标和如何完成工作的认识；工作中可能会遇到的困难与问题；需要组织给予的支持和帮助。在绩效计划中，要充分体现的原则就是员工参与与正式承诺。之所以要对目标达成一致意见，就是因为绩效计划的主要目的就是让组织中不同层次的人员对组织的目标达成一致的见解，简单地说，绩效计划可以帮助组织、业务单元和个人朝着一个共同的目标努力。所以，管理人员和员工是否能对绩效计划达成共识是问题的关键，如果所有的管理人员与员工的意见都能达成共识，组织整体的目标与全体员工的努力方向就会取得一致，这样才能在全体员工的一致努力下，共同达成组织的目标。

5.2.3 绩效计划的设定步骤

1. 准备阶段

绩效计划通常是管理者和员工进行双向沟通后所得到的结果，这种计划的设定需要经过一些必要的准备，对管理者和员工来说均是如此，否则就难以得到理想的结果。这些准备包括：

（1）组织战略目标和发展规划。绩效计划来源于组织战略的落实。制订绩效计划的是为了提升员工和组织的整体绩效，最终实现组织的战略。如果绩效计划所设定的目标方向与组织战略背道而驰，则不仅无益于组织的发展，还会给组织带来严重的影响，甚至使其走向绝境。

（2）年度企业经营计划。组织的战略是面向长远发展方向的，可能会让员工觉得比较遥远，而遥远的目标总是难以让人接受和具有强烈的影响力。这时就需要结合企业的年度经营计划来制订绩效计划。因为年度经营计划是以一年为周期的，属于短期计划，这样的目标更加真实，更接近实际，从而使得绩效计划在确定员工方向方面的作用更加突出。

（3）业务单元的工作计划。这个计划是直接从企业年度经营计划中分解出来的，它直接与业务单元的职能相联系，从而也和业务单元员工的绩效标准结合得更紧密。

（4）团队计划。团队这种形式的采用使得小单元内的目标责任更加明确和具体，这也更有利于个人绩效计划的设定。

（5）个人的职责描述。个人的职责描述规定了员工在自己的职责上应该干什么，而绩效计划指出了完成这些任务应该达到的标准，两者是紧密相连的。

（6）员工上一个绩效周期的绩效考核结果。如果员工在上一个绩效考核周期内，所有绩效计划表上所列的目标都达到标准的话，这一期的绩效计划就需提出新的目标；如果上一期的目标没有完成或没有全部完成，就应该将它们转到当期的绩效计划中来，作为继续考核的标准。这也体现了绩效管理的连续性，它并不是做做样子，而是真正要把目标实现。除了上述信息需要被好好准备以外，对于绩效计划的沟通方式也需要认真斟酌，这主要是看组织的文化氛围是什么样的，所面对的员工有什么样的特点，以及要达成的工作目标有何特点。如果目标设定关系到全体员工，不妨召开全公司大会；如果只是一个团队的任务，就开一个团队会议；在传递目标期望时，可以开门见山，直接与员工谈工作；也可以先请员工谈谈自己的看法和目标，再引出组织的期望。方法没有定论，只要适合就是最好的。

2. 沟通阶段

在这个阶段，管理者和员工要进行充分的交流和沟通，以便和员工就其在这个绩效周期内的工作目标和计划达成共识。这个阶段需要注意以下几个问题：

（1）营造良好的沟通环境。环境的选定很重要，轻松愉悦的环境容易让双方从心理上得到放松，减轻抵触和敌意。很多公司的管理者都喜欢选择在咖啡厅或员工一起进餐，这是一个很不错的方法。除了轻松的环境之外，也要注意不要选择嘈杂的场所。有的管理者选择自己的办公室，但在这样的环境中，谈话常会被电话或来访的人员打断，沟通效果可想而知。

（2）沟通原则。在沟通中，管理者要将自己放在和员工同等的地位来讨论问题，不能高高在上，将自己的意志强加于员工身上。我们应该将员工看成是他所从事的职位上的专家，多听取他们的意见。当然，管理者是有责任在沟通的过程中确保目标设定的方向和组织战略保持一致的，同时也有责任调动员工的工作积极性，鼓励他们朝着共同的目标奋进。

（3）沟通过程。首先是需要回顾一下会面前所准备的信息，然后在组织的经营目标的基础上，每个员工需要设立自己的工作目标和关键业绩指标。所谓关键业绩指标，是指针对工作的关键产出来确定评估的指标和标准。注意，这些标准必须是具体且可衡量的，并且应该有时间限制。在制订计划的阶段，管理者有必要向员工承诺遇到问题和困难时能够提供支持与帮助。绩效计划制订完成后，并不代表不需要改动了，还必须依据变化着的环境和组织战略的调整来修改绩效计划。

（4）沟通形式。每月或每周同每名员工进行一次简短的情况通气会；定期召开小组会，让每位员工汇报他完成任务和工作的情况；每位员工定期进行简短的书面报告；当出现问题时，根据员工的要求进行专门的沟通。

3. 制定阶段

确定各个职位在评价周期的绩效标准和该职位上每个员工的绩效目标，是绩效计划的核心工作。

制定绩效目标的SMART原则：

（1）绩效目标应该是明确具体的。明确具体（specific）指的是绩效目标应该尽可能地明细化、具体化。只有这样，才能更好地激发员工实现这一目标，并引导员工全面实现管理者对他的绩效期望。比如，某客户经理的绩效目标为“三天内解决客户的投诉”，而不是“尽快解决客户投诉问题”；人力资源部培训主管的绩效目标是“第一季度有20%的时间用于培训新员工”，而不是“要利用淡季进行员工培训”等。

（2）绩效目标应该是可衡量的。可衡量（measurable）是指可以将员工实际的绩效表现与绩效目标相比较，也就是说，绩效目标应该提供一种可供比较的标准。这样才更有利于进行绩效监控与绩效反馈。比如，客户经理的绩效目标为“24小时内答复投诉问题”，而不是“提高客户满意度”。

（3）绩效目标应该是有行为导向的。行为导向（action-oriented）就是要求绩效目标不仅是一个能够衡量的最终结果，还包含对员工在实现该绩效结果的过程中应有的行为约束。例如，对营销人员不仅要提出“本月合同额达到……水平”的目标，还应该在目标中包含诸如“发展新客户合同两项以上”等对行为进行引导的内容。

（4）绩效目标应该是切实可行的。切实可行（realistic）就是要向员工提出一个可行的工作方向和目标，以激发员工更好地实现管理者对他的期望。过高的目标会使员工失去信心和动力，目标太低则无法使员工发挥应有的水平。切实可行是在这两者之间寻找到一个最佳的平衡点，找到一个员工通过努力可以达到的可行的绩效水平。

（5）绩效目标应该是受时间和资源限制的。时间和资源限制（time and resource constrained）是对目标实现方式的一种引导，在任何情况下都是必不可少的。例如，“在一个航程内，投入不超过5 000美元使得销售业绩增长30%”，而不是“在一个航程内，在合理投入的情况下销售业绩增长30%”。

在制定绩效目标时，企业的管理人员应注意以下几个问题：

（1）不要混淆需要达到的目标和切实可行的目标。管理者提出的绩效目标可能超越员工的能力与资源的限制。由于员工没有最后的决定权，他们最终将面对这样的绩效目标。这种超越能力限制的目标可能给员工带来挫折感，从而降低其工作努力的程度。

（2）必须使员工能够有机会参与到确定绩效目标的过程中。只要把员工纳入确定绩效目标的进程中，他们履行承诺的程度就会有所增加。

（3）目标应该是动态的。绩效目标是根据每个绩效周期的现状确定的，而现实情况处在不断地变化中，因此，管理者应注意对目标进行及时的动态调整。

爱实践

假设你是邮轮免税店管理人员，聊一聊如何更好地完善目前的绩效管理工作？

专题5.3 员工培训

爱阅读

倍感失望的培训项目

五月花制造公司是美国印第安纳一家生产厨具和整炉设备的小型企业，大约有150名员工。这个行业的竞争性很强，五月花公司努力使成本水平保持在最低的水平上。

在过去的几个月中，公司因为产品不合格问题已经失去了三个主要客户。经过深入的调查发现次品率为12%，而行业平均水平为6%。副总裁提米和总经理考森在一起讨论后认为问题不是出在工程技术上，而是因为操作员工缺乏适当的质量控制培训。考森使提米相信实施一个质量控制的培训项目使次品率降低到一个可以接受的水平上，然后接受提米的授权负责和实施操作这一项目。提米很担心培训课程可能引起生产进度问题，考森强调说培训项目花费的时间不会超过8个工时，并且分解为4个单元、每个单元用2小时来进行，每次实施1个单元。然后，考森向所有一线主管发出了一个通知，要求他们检查工作记录，确定哪些员工存在生产质量方面的问题，并安排他们参加培训项目。通知还附有一份讲授课程的大纲。在培训设计方案的最后，考森为给培训项目设定了下述的培训目标：将次品率水平在6个月内降低到标准水平的6%，培训计划包括讲课、讨论、案例研讨和一部分电影。在准备课程时，教员把他讲义中的很多内容印发给每个学员，以便学员准备每一章的内容。在培训过程中，学员花费了相当多的时间来讨论教材中每章后面的案例。

由于缺少场所，培训被安排在公司的餐厅中举办，时间安排在早餐与午餐之间，这也是餐厅的工作人员准备午餐和清洗早餐餐具的时间。

原来应该有大约50名员工参加每个培训单元，但是平均只有30名出席。在培训检查过程中，很多主管人员向考森强调生产的重要性；有些学员对考森抱怨说，那些真正需要在这里参加培训的人已经回到车间去了。

考森认为评价这次培训最好的方法是看在培训项目结束后培训的目标是否能够达到。

结果，产品的次品率在培训前后没有发生明显的变化。考森对培训没有能够实现预定的目和感到非常失望。培训结束 6 个月之后，次品率水平与培训项目实施以前一样。考森感到自己压力很大，他很不愿意与提米一起检查培训评估的结果。

资料来源：豆丁网，2016.2.28

爱讨论

仔细体会上述的真实案例，和你的同学一起分析一下该项培训失败的原因及应对策略。

爱学习

知识概要

培训是企业为了开展业务需要、提高整体绩效、实现企业目标，而对员工的知识、态度、行为和技能等方面实施有目的、有计划、有针对地培养和训练的活动，从而让员工能够胜任岗位的要求、增加工作的效率、发挥自身的潜力、提高岗位的绩效。邮轮免税店管理人员必须掌握员工培训的相关知识，包括培训的作用、培训的方向、培训的目标、培训的原则和培训的评估等。

企业实施员工培训与员工教育的目标是不同的。员工教育的主要目标，是让员工搞清楚为什么层面的问题（why），主要内容偏重概念、理论、思维、体系；员工培训的主要目标是帮助员工搞清楚怎么把工作做好层面的问题（how），主要内容偏重步骤、流程方法、技巧、工具和操作过程中的注意事项。在传统的人力资源管理的六大模块中，有一个模块叫作培训与开发。员工开发的落脚点可以是员工教育，但是员工开发不等同于员工教育。员工开发的定位聚焦在企业内部，提升的是员工能力还是企业内部需要的知识和能力；而员工教育的着眼点是员工个人的发展，这种发展指的是社会层面的发展，可以在企业外部，对员工提升的知识和能力可能是企业不需要的知识和能力。

一说起培训，很多人脑海中第一个想到的画面就是在一间屋子里，台下的人排排坐，台上的人滔滔不绝。这个画面既像是某人在发表一场演讲，又像是学校里的学生们在上课。如果把培训做成了演讲或者上课，即使讲授者的水平很高，过程中的氛围很好，但是对参训人员来说，很可能会“听的时候激动，听完之后冲动，想想不知该怎么行动，结果是几天之后一动不动”。很多企业培训没有效果就是因为把培训做成了演讲或上课。演讲或上课实施得再好，也只是一种方式，而不是培训唯一的方式。演讲的重心常常是演讲人想要传达什么；上课的重心则过于强调理念和知识的传授，形式单一；而培训的重心应当是围绕参训人员，是通过不同的形式，让参训人员获得必要的内容。

事实上，培训除了演讲或上课的形式之外，还可以有很多的形式，比如以师带徒、情景模拟、轮岗实习等。可是，一方面很多人的观念中认为“培训等于演讲”或者“培训等于上课”，所以每次培训，都采取这种单一的形式，导致了习惯成自然；另一方面，即使有人已经认识到了培训不是演讲或者上课那么简单，但是他们却设计不出其他的适应培训内容的、多样化的培训形式，所以最终只能采取演讲和上课这样的形式以完成企业的任务。

很多管理者会高估培训的作用，认为培训是能够让企业不出问题的仙丹，或者认为培训是解决企业一切问题的解药。按照这类管理者的管理逻辑：当员工的工作态度不积极时，就代表着员工的执行力有问题，所以要立刻安排一次主题为“如何提升执行力”的培训；当基层和中层管理者有一些管理做法的问题时，就要立刻安排一次主题为“如何提升中层管理者的领导力”的培训；当企业在战略制定和商业模式方面遇到问题时，就立刻安排一次主题为“如何制定战略和创新商业模式”的培训；当企业销售业绩出现问题或者市场竞争比较激烈的时候，就立刻安排一次主题为“如何提升销售业绩”的培训。然而以这样的心态和目的来实施的培训，通常很难达到预期的效果。因为很多企业在经营管理中遇到的问题，直接原因都不在员工个体身上，而是在整个企业的宏观和顶层设计层面。培训主要作用的领域是员工的态度、知识和技能三大领域，通过改变员工的行为，旨在提高企业的绩效。

5.3.1 培训的作用

1. 培训对企业的长期作用

培训能够让企业文化和价值观在企业内有效地传递和延续，能够满足企业长期的战略发展需要，能够让企业的战略目标传递至各个岗位，能够传递企业的管理制度和运营标准。

2. 培训对企业的短期作用

培训能够将企业的年度计划传递至各岗位，能够解决某类特定的、难以解决的问题，能够协助某类新项目的推广，能够传递企业的某种信息。

3. 培训对岗位和个人的作用

培训能够改变员工的观念和态度，让员工达到岗位需要的素质、知识和技能要求，能够满足员工职业发展的需要。培训本质上是一个信息传递的过程，它传递的是对企业来说有价值的信息，通过信息的传递，最终为企业创造价值。

5.3.2 培训的方向

培训是为了解决现存问题，为企业未来发展做准备。同时，培训要通过对企业的目标、资源、环境等因素进行分析，确定企业现有的业绩与理想状况之间的差距，从中寻找相应的解决办法，并将所获得的结果提供给培训部门作为参考。而作为免税店销售人员最主要的工作就是销售产品。销售人员只有了解商品的特性、掌握商品的优势和劣势才能为顾客提供良好的服务；只有了解市场上竞争对手的同类商品特性，在与客户沟通过程中才能够使本公司产品扬长避短；只有掌握商品分类及陈列知识才能够提高查找效率。具备良好的沟通能力、销售技巧是产品销售出去的关键；了解顾客特性、购买心理及积极、主动向顾客推荐产品有助于提高产品销售出去的可能性；及时了解产品在市场上的供求情况以便防止发生缺货等现象；在走向国际航线时具备英语交流能力可以拓宽销售渠道。

5.3.3 培训的目标

1. 销售员工培训的总体目标

销售员工培训的总体目标是提高销售人员的整体素质和销售技能，加强销售人员对企业的了解和信任，激发销售人员的潜能，提高人员的自信心，从而提高销售人员的业绩，进而提高企业的销售额和市场占有率，达成企业的市场目标，实现企业的经营业绩。企业通过有计划、有针对性的培训，可以逐步提高销售人员的工作水平。

2. 销售员工培训的基本目标

（1）提升整体员工的专业技能，从而提高企业运营的效益和效率，迎接企业内外部环境的挑战。

（2）完善公司的文化建设，使公司文化深入人心，加强部门凝聚力。

（3）促使新员工更快地融入市场营销部，并满足老员工自身发展的需求。

3. 销售员工培训的具体目标

（1）掌握系统的销售理论和销售技巧。

（2）增加销售人员的产业知识、行业知识。

（3）提高销售人员的自信心，帮助他们树立积极的心态。

（4）提高销售人员的社交能力、与人沟通的能力。

（5）增强销售人员目标管理和团队合作意识。

（6）提高销售人员与顾客建立长久业务关系的意识和能力。

5.3.4　培训的原则

1. 销售人员培训原则

（1）系统性原则。员工培训是一个全方位的贯穿于员工整个职业生涯的系统性工作。

（2）主动性原则。员工培训要求员工积极参与和互动，发挥员工的主动性。

（3）多样性原则。员工培训要充分考虑培训对象的层次、类型，考虑培训内容和形式的多样性。

2. 关于知识层面培训中需要注意的问题

（1）销售知识：销售知识主要包括销售中的聆听技能、表达技巧、时间管理、谈判技巧等，具体如重点客户识别、潜在客户识别、访问前的准备事项、接近客户的方法、展示和介绍产品的方法、顾客服务、应对客户异议、达成交易和后续工作、市场销售预测等。

（2）产品知识：产品知识是销售人员培训中最重要的内容之一。产品是企业和顾客的纽带，销售人员必须对产品知识非常熟悉，尤其是对自己所销售的产品。对于高科技产品或高科技行业，培训产品知识是培训项目中必不可少的内容。具体内容包括本企业所有的产品线、品牌、产品属性、用途、可变性、使用材料、包装、损坏的原因及其简易维护和修理方法等，还包括了解同类竞争产品在价格、构造、功能及兼容性等方面的知识。

（3）市场与产业知识：市场与产业知识了解企业所属行业与宏观经济的关系，如经济波动对顾客购买行为的影响，客户在经济高涨和经济衰退期不同的购买模式和特征以及随着宏观经济环境的变化如何及时调整销售技巧等。同时，销售人员还要了解不同类型客户的采购方向、购买模式、习惯偏好和服务要求等。

（4）竞争知识：竞争知识通过与竞争者的比较，发现企业自身的优势和劣势，提高企业的竞争力。具体内容包括了解竞争对手的产品、客户政策和服务等情况，比较本企业与竞争对手在竞争中的优势和劣势等。

（5）企业知识：企业知识通过对本企业的充分了解，增强销售人员对企业的忠诚度，使销售人员融合在本企业文化之中，从而有效地开展对顾客的服务工作，提高顾客对企业的关注度。具体包括企业的历史、规模和所取得的成就；企业政策，如企业的报酬制度、企业许可的行为或企业禁止的行为、企业规定的广告、产品运输费用、产品付款条件、违约条件等内容。

（6）管理知识：管理知识销售人员怎样有效地制订计划，减少时间的浪费，提高工作效率；销售地图的正确利用、销售区域的开拓和巩固等。

5.3.5 培训的评估

1. 培训评估的效果

培训效果一般可以划分为五种类型：认知效果、技能效果、情感效果、绩效效果以及投资净收益。

（1）认知效果：它可用来判断培训对象对培训中强调的原则、事实、技术、程序等的熟悉程度，也是衡量培训对象从培训中掌握了哪些知识的指标。通常可用书面测验的方法评价。

（2）技能效果：它是用来评价培训对象的技术及行为的一种指标。技能结果包括技能的获得与技能的转化两方面，两者都可以通过观察评价。

（3）情感效果：它包括培训对象的态度和动机两个方面的内容。情感结果的一种类型是培训对象对培训项目的反应。反应性结果是指培训对象对培训设施、培训者以及培训内容的感知。对反应性结果的评价可通过让培训对象填写问卷获得。

（4）绩效效果：它用来判断项目给企业带来的回报，绩效效果表现在企业成本节约、产量增加以及产品或顾客服务质量的改善等方面。

（5）投资净收益：投资净收益指企业投资收益减去投资损失后的净额。投资收益和投资损失是指企业对外投资所取得的收益或产生的损失。投资收益扣除投资损失后的净收益，是企业利润总额的构成项目。而培训过程中的投资净收益是指对培训所产生的货币收益与培训的成本进行比较后，企业从培训中所获得的价值。

培训效果评估是运用科学的理论、方法和程序，从培训项目中收集数据，并将其与整个组织的需求和目标联系起来，以确定培训项目价值和质量的过程。建立培训评估体系既是为了检验培训的最终效果，又是为了规范培训相关人员的行为。

2. 效果的转化及培训转化的五个阶段

（1）培训前确定。确定部门的需求或领导者的需求，即希望经过培训员工有哪些变化。比如，哪些是领导者希望的行为，哪些是领导者不想看见的行为。

（2）培训时找重点。着重对部门负责人或领导者期望员工弥补的不足进行练习，让员工找到弥补差距的工作方法。

（3）培训后跟踪。安排一段时间的跟踪，这个跟踪人一定是参训员工的主管上级。培训部门要做的是设定好跟踪表格、内容等工具，让跟踪者能非常方便地执行，而且跟踪的方式要与日常管理工作相融合，不能额外多出工作量。否则，会增加工作负担。

（4）跟踪期间。培训管理者要定期与这些部门负责人进行沟通，了解他们的问题，并予以帮助。

（5）后期跟进。培训公司给出实用的后期跟进指导，再结合公司培训组织者的配合，在每次培训后提供跟踪性工具，方便促成培训效果转化。

3. 影响培训效果转化的因素

（1）培训项目设计。培训项目设计是培训学习的重要环节，如材料、实践安排、组织协调、场地环境等因素都会影响培训效果的转化。

（2）培训对象特点。主要体现为影响学习的各种能力和动机，如果其不具备基本的学习能力、缺乏学习的动机和应用所学知识技能的能力，那么培训效果的转化也会受到影响。

（3）工作环境。管理者是否支持、技术上是否支持以及工作氛围等都会影响培训效果的转化。

4. 培训评估的作用

（1）培训前评估能保证培训需求确认的科学性；确保培训计划与实际需求的合理衔接；帮助实现培训资源的合理配置；保证培训效果测定的科学性。

（2）培训中评估能保证培训活动按照计划进行；反馈培训执行情况和调整培训计划；过程检测和评估有助于科学解释培训的实际效果。

（3）培训效果评估有助于树立结果为本的意识；有助于扭转目标错位的现象。

因而科学的培训评估对于了解培训的效果，界定培训对组织的贡献，证明员工培训所做出的成绩非常重要。目前企业培训存在的最大问题在于无法保证有限的培训投入产生出理想的培训效果，培训的效果难以评估。企业在重视员工培训的同时，必须加强培训评估，加强培训管理。开发并设计功能强大的企业培训管理模块也是人力资源部门今后发展的重要方向。

爱实践

假设你是邮轮免税店管理人员，要给邮轮免税店新员工进行销售技巧培训，请按照以下纲要制作培训方案 PPT：（1）培训目的；（2）培训内容；（3）培训流程；（4）培训评估与考核。

专题5.4 团队精神

爱阅读

广东女篮创 15 连胜纪录与广东男篮交相辉映

“不败女王”这个称号，在 2018 年的女篮联赛中当属广东东莞彤盛女篮。第 15 轮以 82 比 52 主场大胜河北队后，广东女篮在 2018—2019 赛季 WCBA 联赛已收获了 15 连胜，这是 WCBA 新的最长连胜纪录，也是最佳开局纪录。而这样的成绩也正与广东男篮交相辉映——广东宏远本赛季也豪取队史最长的 15 连胜开局，成为 CBA 中唯一一支还没有输过球的球队。

赛季开始至今，广东女篮一场未败，此前的第 13 轮常规赛中，广东女篮姑娘甚至在客场挑落了卫冕冠军北京。在与北京队一战中，年轻的广东内线、国手李月汝全场拿下 38 分、21 个篮板球，其中篮板球统计刷新了她的个人单场纪录。“1999 年出生的李月汝很年轻，但杨力维、黄思静、迪拉娜这几位国字号球员也是 20 岁出头。不过，她们都已是联赛里的‘老将’了。”新世纪篮球俱乐部副总经理吴杰桦说。

“李月汝的表现很突出，我们会给她更多时间去成长。”吴杰桦说。事实上在今年的雅加达亚运会期间，李月汝作为中国女篮内线主力，表现也可圈可点，国家女篮主帅许利民称她未来有实力进军 WNBA。广东女篮自然也支持球员冲击更高平台，球队认为队内包括杨力维、黄思静都有实力证明自己能进入世界顶尖的女篮联赛。

“我们以团队篮球制胜，其实每一位球员都必须有所承担，每一个人对于球队来说都非常重要。”黄思静说，“今年到目前为止战绩不错，我认为是球队的综合实力有所提高。我个人而言因为今年受伤病影响，所以会转变打法，更多去传球，希望自己在球队需要的时候能做到更多。”

“经过夏天的训练、比赛和康复，其实每个球员的调整都不错，这个赛季每个人从技术到力量都调整到最佳状态，而且每个人都进步很大，非常职业。”吴杰桦说，“我们的替补轮换球员更多了，在场上球员之间的默契感也有很大提升，每个人都会主动承担起责任，每一场球都有总结，一起携手同心，我觉得目前的战绩应该归功于大家的团队精神和不断争取进步和积极去学习的精神。”

资料来源：搜狐网，2018.11.29

爱讨论

团队精神在体育项目中体现尤为突出，和你的同组伙伴一起讨论下让你们印象最深刻的一次运动赛事；结合团队力量和精神，聊一聊在你的学习或工作生活中团队精神与力量的体现。

爱学习

知识概要

在国际邮轮上，不同岗位的免税店员工需密切协作，高度配合，才能确保顺利完成各自的职责。在培养提升免税店员工的团队精神方面，首先，需要先了解团队精神的含义；其次，需要掌握提升团队精神的方法；最后，需要学习团队合作的关键——沟通技巧。

5.4.1　团队精神的含义和功能

1. 团队精神的含义

团队精神是指一个组织具有共同价值观和道德理念在文化上的反映，是大局意识、协作精神和服务精神的集中体现，不仅包含了与人沟通、交流的能力，而且还特别强调与人合作的能力。也可以这样说，团队精神就是在企业中有这样一种氛围：能够不断地释放团队成员潜在的才能和技巧；能够让员工身感被尊重和被重视；鼓励坦诚交流，避免恶性竞争；用岗位找到最佳的协作方式；为了一个统一的目标，大家自觉地认同必须担负的责任和愿意为此共同奉献。现代企业中的团队精神还应有更广的含义，它不仅仅包括团队的向心力、凝聚力，还应包括团队的学习精神、创新精神等更深层的内容。

2. 团队精神的功能

团队精神的基础是尊重个人，核心是协同合作，最高境界是全体成员的向心力、凝聚力，它反映的是个体利益和整体利益的统一，并进而保证组织的高效率运转。所以，团队精神的形成并不要求团队成员牺牲自我，相反，挥洒个性、表现特长反而有利于团队成员共同完成任务或目标。可以说，个人能力和团队精神对企业而言是同等重要的，如果说个人能力是推动企业发展的纵向动力，那么团队精神则是达成企业经营目标的横向动力。因此，员工作为个体应不断提升自己的能力，而作为团队成员则应与其他人加强沟通、同舟共济、互敬互重，既尊重个性，也重视大局，彼此之间密切配合。俗话说："一根筷子轻轻被折断，十双筷子牢牢抱成团。"团队精神是企业成功的要诀之一，团队精神对于企业的发展越来越重要。那么，团队精神对于企业来说有哪些功能呢？

（1）目标导向功能。团队精神促使员工齐心协力，拧成一股绳，朝着一个目标努力。对单个员工来说，企业要达到的目标即是自己所努力的方向，企业整体的目标顺势分解成各个小目标，在每个员工身上得到落实。

（2）凝聚功能。任何企业都需要一种凝聚力，传统的管理是通过企业自上而下的指令进行的，淡化了个人感情和社会心理等方面的需求，而团队精神则通过对协作意识的培养，通过员工在长期的实践中形成的习惯、信仰、动机、兴趣等来沟通他们的思想，引导他们产生共同的使命感、归属感和认同感，产生一种强大的凝聚力。

（3）激励功能。团队精神促使员工自觉地要求进步，力争向团队里最优秀的员工看齐。通过员工之间正常的竞争可以实现激励功能，而且这种激励不是单纯停留在物质的基础上，还能得到员工的认可。

（4）约束功能。员工的个体行为需要约束，群体行为也需要协调。团队精神所产生的约束功能，是通过企业内部所形成的一种观念的力量，氛围的影响，去约束、规范及掌控员工的个体行为。这种约束不是自上而下的强制力量，而是由硬性约束向柔性约束转化，由约束员工的行为转向引导员工的意识，由约束员工的短期行为转向对其价值观和长期目标的引领。因此，这种约束更为持久、有意义，而且容易深入人心。团队不是指任意一个在一起工作的群体。团队精神代表了一系列鼓励倾听、积极回应他人观点、对他人提供支持并尊重他人兴趣和成就的价值观念。这样，团队与一般性群体的差别就很鲜明地显现出来了——创造团队业绩。团队业绩来自哪里？从根本上说，团队业绩首先来自于团队成员个人的成果，其次来自团队成员集体的成果。一句话，就是要求团队成员做好自己应该做的事情。团队通过设置不同的岗位，选拔不同的人才，给予不同的待遇、培养和肯定，让每一个成员都拥有特长，都表现特长。当然，我们不能忘记团队的根本功能就是让团队的整体业绩超过团队成员的个人业绩之和，让团队业绩由各部分组成而又大于各部分之和。团队成功的保证就在于发挥每个团队成员的特长，让大家树立团队精神，产生协同效应。否则，一旦离开了团队精神，那么团队将成为一盘散沙。

5.4.2　提升团队精神的方法

营造优秀的团队文化在法国企业界有句名言："爱你的员工吧，他会百倍地爱你的团队。"可见，有远见的企业家从劳资矛盾中悟出了"爱员工，团队才会被员工所爱"的道理，因而采取软管理办法，创造出了"家庭式团结"的团队。试想，在团队中有这样和睦、相互关心的成员关系，成员又怎么会不努力工作呢？在这里，如果说团队是舟，那么文化便是水。在充满优秀文化氛围的公司中进行团队合作，就如同顺水推舟，不怎么需要用力，河水本身的力量自然会使团队工作向目标不断前进。一个团队就像一个民族一样，共同的文明意识、文化成就感和文化心理是团队成员彼此之间得以认同和聚合的基础。进一步说，团队成员之间一致的理想、追求和精神境界是他们得以和谐联动和不断进取的基础。领导与员工，不仅是在一起工作，更是在一起分享成功与失败、快乐与悲伤。在这样的文化氛围之中，员工的团队意识非常强烈：成败皆为团队共有；大家互教互学；互相奉献和支持；遇到困难互相鼓励，及时沟通；依靠团体智慧；承认并感谢队友的工作和帮助；甘当配角……一个具有强烈意识的、高素质的团结协作的集体，自然很容易形成积极、向上的士气。

而提升团队精神的方式，我们可以从以下几个方面入手。

1. 建立共同的团队愿景

愿景是一个团队期望创造出的价值，它能够激励成员付出最大的努力，为各位成员指明了工作重点以及努力方向，培养了团队成员的长期承诺，从而保证了团队合作有序而高质量地展开。

2. 选择优秀的团队领导

优秀的团队领导能够深刻了解团队的短期和长期目标，总能帮助团队阐明目标与价值观，并且保证团队成员的行为过程不会偏离目标与价值观。

3. 选择有效的团队成员

在一个高绩效团队中，其成员一定是富有成效的。他们真正地参与到了团队的管理之中，包括计划的制订与实施、激励、领导和控制，他们善于学习新的知识，开发新的技能，清楚掌握人际关系技能，体谅和理解团队其他成员的处境并能积极配合团队领导人，主动与团队其他成员及领导人进行明确及时的沟通，并愿意甚至坚持对自己的工作、对团队整体承担更大的责任。

4. 形成“一致与满意”的管理理念

“一致与满意”理念具体来说，就是团队领导的职能是促进而非负责，是领导而非指挥；团队的决策应当由全体成员协商制定，而并非由领导人一锤定音。领导人应当授予团队成员一定的权力，管理职能也应由整个团队共同执行。要营造优秀的团队文化，其团队管理理念应当由“命令与控制”逐步过渡到“一致与满意”——这种理念对于团队文化建设同样具有重要的战略意义。

5. 实行有效的团队培训

我们知道，一个团队的绩效与团队绝大部分成员的知识、技能和经验等各方面都有着密切的关系。拥有一批高素质的成员会提升团队的整体水平；而如果团队中大部分成员都平平无奇，由他们所组成的团队，其所能创造出的业绩也必然有所局限。实行有效的团队培训，营造团队成员能够不断成长的环境，是通过提升团队成员技能和素质来提升团队整体绩效的有效手段，也是企业不断发展壮大的必然过程。为什么这么说呢？（1）有效的培训能够使员工不断提升自己的工作技能，使其能够在自己的职业领域中得以快速成长，这对于企业来说是水涨船高、实现双赢的有力途径。当团队成员拥有好的绩效，团队的整体绩效也会因此而提升；如果更多的团队成员掌握足够的技能，团队达成目标的可能性也会大大加强。可以说，团队成员的绩效在很大程度上影响着团队的绩效。（2）企业如果不想承担所有的责任，那就需要开发人力资源，让所属各个团队自行分担一部分责任。（3）成功团队的意义就在于如何最大限度地利用每位成员的潜能。（4）从另外一层意义上说，我们每个人能有今天，是因为我们曾经获得过这样那样的培育。由此，一个良好的工作环境应当是一个具有发展潜力、能够让团队成员不断成长的环境。只有在其职业生涯中不断成长，才能跟得上不断变化的内部和外部环境，才能有能力应对不断增长的团队绩效的要求。因而，作为企业领导者要充分考虑到这一点，着重于员工技能与素质的不断提高和工作能力的不断加强，使员工更能适应如今日益以团队竞争为市场核心竞争的生存法则，可以说是维持一个企业长盛不衰的长远大计。

5.4.3　团队合作的关键——沟通

1. 沟通的重要性

沟通能力无论在生活中还是在工作中都十分重要。在生活中，它能帮助我们与他人交流信息，建立友谊，促进合作；在工作中，它能保障团队中的各项工作交接畅通、顺利进行。我们发现，如果事先沟通充分，工作中的大部分问题都可以避免。一个善于与别人沟通的团队成员，可以更好地让自己的设想为其他团队成员所理解与接受，得到他们的充分信任，让整个团队充满团结协作的气氛。

但在工作中，我们往往提倡“少说多做”，主张多一些实干精神，这的确没错。但作为一个团队成员仅仅知道做是不够的，还要进行充分的沟通，在沟通的基础上明确各自的任务和职责，然后分工协作，才能把团队的力量形成合力。否则的话，每个团队成员只管低头拉车，各走各的路，永远也不会形成团队合力，也就无所谓效益，甚至有可能形成负效益。

在团队里，如果沟通渠道比较畅通、信息交流比较频繁，每一位成员都能与其他的成员之间保持良好的沟通，那么在工作中团队成员之间的合作就不会存在无法克服的障碍。相反，如果沟通渠道不够畅通、信息交流不够频繁，团队成员之间不能保持良好的沟通，那么团队成员之间就很容易产生难以调和的矛盾，而且一旦矛盾产生，如果团队成员之间仍然缺乏有效的沟通，这种矛盾就会越积越深，最终很可能成为抑制团队成长的瓶颈。在团队里，沟通渠道不畅、信息交流缺乏等问题的存在，可能还会直接导致团队内部出现十分严重的问题，在整个团队遭遇严重危机的同时，其成员必定也会受到某种程度的伤害。

建立良好的沟通渠道，切实有效地加强团队成员之间的沟通，是确保整个团队得以高效运行的重要一环。在实际工作中，每一位团队成员也切实需要与其他的团队成员保持良好的沟通。

2. 提升沟通的方法

（1）积极倾听

沟通的第一要诀，在团队沟通中，倾听是最直接、最重要和最常见的一种途径。因为，有效的沟通在很大程度上取决于倾听。人们喜欢善听者甚于善说者。实际上，人们都非常喜欢发表自己的意见。所以，如果你愿意给他们一个机会，让他们尽情地说出自己想说的话，他们会立即觉得你和蔼可亲、值得信赖。许多人不能给人留下良好的印象，不是因为他们表达得不清晰，而是由于倾听的障碍。

倾听可以有效地帮助我们进行沟通。但要记住，沟通的主角不是言语，而是人。只有这样，你才能进行卓有成效的沟通，才能通过沟通来共同协作，来完成团队的工作任务。所以，如果你希望自己具备有效沟通的能力，从积极倾听他人的谈话开始，做一个善于倾听的人。

（2）有效表达

沟通的第二要诀，一个好的沟通者同时也是一个有效的表达者。可以说，良好的自我表达不仅可以让彼此间的沟通更为顺畅，更容易将自己所要表达的信息得到有效的传递，同时也会为你增添许多个人魅力。对于团队工作来说，可以令你更好地与组员展开合作，使得工作的整体效率得以提升，加强团队的综合力量；另一方面，人处于社会中，沟通是每日必不可少的“功课”，在有效的自我表达的过程中，你可以向外界展示出那个独特的自我，那个有着鲜明需求、态度和意见的自我。作为独立个体所拥有的那部分最精彩的思想和体验可以通过有效传达传递给更多的人。

（3）求同存异

沟通的第三要诀，在我们的团队中，无论我是否同意你的观点，我都将尊重你，给予你充分表达的权利，并且设身处地去理解它，同时将我的观点有效地传达给对方，以便对方能够理解，从而最终达成我们的共识和行动。身处当今社会，生活和工作节奏都很快，竞争无处不在，人们承受着巨大的工作和生活压力。为生计所迫，很多人在压力巨大的情况下疲于奔命，不自觉中在与他人的交流沟通中产生越来越多的隔阂与信任危机。

我们知道，在沟通的环节中，无论采取什么样的技巧，总会有遇到意见分歧的时候。对待意见和分歧，很多时候你可能嘴上并没有输给对方，但实际上已经失去了别人对你的好感，也就是所谓的“赢得了嘴却输了心”。这样的“赢”并非真正的赢，在某些时刻或许还意味着输得更多。不要试图强加自己的观点给别人，学会求同存异，允许别人的观点存在。每个人都是独立的个体，受到个人生活阅历、工作经验、学历、性格、个性等各方面的影响，在看待一个问题时会有各自不同的角度和观点。所谓“横看成岭侧成峰”，在一些问题上很难界定谁的观点对谁的观点错，只是因角度的不同表现出对问题不同层面的理解而已。

爱实践

请你制作一份 PPT，为大家展示你所在的团队，在团队建设、团队学习、团队沟通方面都有着哪些措施和活动。

赞 美 篇

你所不知道的董明珠管理思维

最近，“董明珠要求食堂给员工降价”的话题上了热搜，再次展示董明珠对员工慈爱的一面。有网友反映，这和平时印象中雷厉风行的董明珠不一样。

在大多数人印象里，董明珠在大众眼中一直是女中豪杰的形象，是高喊着“让世界爱上中国造”宣言的格力形象代言人，更是与雷军同台对赌10亿的中国制造业女豪杰！

然而，这个刚与柔并存的女中豪杰对企业管理有一套自己的模式，她的管理哲学你知道多少呢？

权利是用来谋公的，不能谋私

20多年前，董明珠还是格力空调经营部部长。到了旺季，格力空调供不应求。有个经销商绞尽脑汁，找到了董明珠哥哥，承诺只要能帮他拿到一百万元的货，他便给董明珠哥哥两万到三万元的提成。

当哥哥找到董明珠，说明来意后，董明珠一口就拒绝了。无论哥哥如何游说，董明珠只有坚定的两个字：“不行。”

哥哥和经销商都百思不得其解。这不是一举两得的好事吗？拿货对于格力来说，没有损失。对于董明珠哥哥来说，还有不菲的提成。

但董明珠说：“如果找到董明珠的哥哥就能把事办成，那么，一个企业的诚信在哪里？”

但哥哥不理解董明珠的用意，觉得这个妹妹太不近人情，一点亲情都不讲，越想越生气，后来给董明珠写了一封信，这封信的主要内容是告诉董明珠：以后，家中族谱没你这个人了！我不再认你这个妹妹！

兄妹二人从此不相往来，直到2015年，董明珠哥哥生病才冰释前嫌。

董明珠仍然表示，一个人的权利，不是为自己和家人服务的。亲人缺钱可以资助，但绝不能用她的权利在格力这家企业里做交易。董明珠的哥哥终于理解了她。

董明珠就是这样的铁手腕，不管对方是不是自己的亲戚，在亲情面前，也不能丧失原则。正是因为这样的董明珠，不以公谋私，才有了格力今天的成就。

董明珠看起来六亲不认，世俗不理，又狠又绝，但却站得稳，透着温情，把自律刻在骨子里。

有人说，她不用进族谱，她是个可以进历史的人。深以为然。

企业管理，制度遵守是王道

没有规矩不成方圆，董明珠在管理上一向是雷厉风行，主张制度管人，对员工严苛程度在业界是出了名的。

用她自己的话来说，就是她喜欢“天天带个放大镜来看问题”。她担任经营部长时，对于一些员工在办公室里打打闹闹，甚至吃零食的行为很不满意，于是制定了一条“不能在办公场合吃东西”的纪律。

董明珠说，有一天员工正在吃的时候被她看见了，这时候下班铃声刚好响起，她不留情面指出“你们的嘴在吃东西的时候没有响铃，所以一人罚款50元！”

那年是1995年，50元对他们来讲还是一笔不小的数目，个个都来求情。但是董明珠义正词严地拒绝说不行，必须罚！

以儆效尤，这件事之后员工一下子就改变了，到现在为止都绝对不会带吃的到公司去。虽然这是件小事，但是在董明珠看来细节决定成败，公司的治理必须坚守原则，遵守制度。

制度之下，福利锦上添花

在董明珠看来，为企业员工创造良好的社会环境，是一个企业家的担当与责任。因此，她认为作为企业想要更好的管理员工，除了有严苛的制度外，还要有相关的人才福利政策。

格力于2018年开始建设的3 000余套人才公寓即将竣工完成，届时员工可拎包入住。“我们做企业的，就一定要思考怎么给员工提供一个很好的环境，从而解决他们的后顾之忧”，董明珠如是说。

目前，格力已解决1.2万珠海员工住房问题，基本实现“一人一居室”，同时还从话费补贴、员工重大疾病救助、建立学校等方面解决了员工住房、治病、子女上学等实际问题。

董明珠表示，给员工分房、涨薪，不是用这个条件让员工留下来，而是因为员工为企业做出贡献，企业应该给予回报，这才是最重要的。

不寄希望于人才引进，更注重内部人才培养

因为尝到了被挖人带来的痛，董明珠很不喜欢挖人，“企业高管都应该来自内部培养，自己培养的人才对企业有感情，员工也信服。”所以格力从来没有高薪聘请一个外来人才。董明珠曾自豪地说，“这些年来，我从未收留过一个跳槽到格力的人。”

董明珠认为挖来的人不会在企业待长久，而且很难融入企业，很容易涣散团队的精气神。所以，格力一直都在内部培养人才。

董明珠表示，一个企业如果是靠挖墙脚这种“拿来主义”来壮大的，那么这个企业是没有希望的。“可能你眼前活得好，但是你可能不会活得长。”

走在中国制造业第一梯队的格力，现如今已经形成了一套完善的“选、育、用、留”人才培养体系。每逢春秋校园招聘时节，格力都会在全国 60 多个城市 200 多所高校开展应届生校园招聘，广纳贤才。

现在格力拥有 15 个研究院、126 个研究所和 1 045 个实验室；9 万多名员工中 1.5 万的研发人员均是来自中国各大高校、接受格力自主培养的创新型科技人才。

也正是对创新型人才的大力培养，使得如今到了“而立之年”的格力，已经发展成为集消费与装备两大板块为主的多元化、科技型的全球工业集团。去年疫情之急，格力又布局医疗装备领域，持续为全球用户的美好健康生活保驾护航。

制度与情感、狼性与柔情并存，是“铁娘子”董明珠的员工管理核心，也是格力在电器王国经久不衰的秘诀之一。

资料来源：董明珠自媒体，2021.4.27

附　　录

附录A　邮轮免税店商品词汇中英文对照

化妆品词汇		护肤品词汇	
粉底	foundation	面膜	facial mask
眼线笔	eyeliner	眼霜	eye gel
眼影	eye shadow	护肤霜	cream
睫毛膏	mascara	精华	essence
眉笔	eyebrow pencil	紧肤水	firming lotion
唇彩	lip gloss	爽肤水	toner
唇膏	lip color/lipstick	防晒霜	sun screen/sun block
指甲油	nail polish	乳液	lotion
卸妆液	makeup remover	去黑头	deep pore cleanser
气垫	air cushion	面部磨砂	facial scrub
遮瑕膏	concealer/color correct	喷雾	spray
腮红	blusher	洁面	facial cleanser
粉饼	pressed powder		
散粉 / 蜜粉	loose powder		
香水词汇		**洋酒词汇**	
香水	perfume	葡萄酒	wine
香精或浓香水	parfum/extraits	啤酒	beer
淡香精或香水	eau de parfum(EDP)	香槟	champagne

香水词汇		洋酒词汇	
淡香水	eau de toilette(EDT)	白兰地	brandy
古龙水	eau de cologne(EDC)	干邑	cognac
清香水	eau fraiche(EF)	威士忌	whisky
香调	note	苏格兰威士忌	scotch whisky
花香调	floral note	波本威士忌	bourbon whisky
清新调	fresh note	朗姆酒	rum
木质调	woody note	杜松子酒 / 金酒	gin
东方调	oriental note	伏特加酒	vodka
前调	top note	龙舌兰酒	tequila
中调	middle note/heart note	烈酒	liquor/spirits
后调（基调、底调）	base note	利口酒 / 力娇酒	liqueur
手表词汇		**珠宝词汇**	
指针	hands	红宝石	ruby
机芯	movement	蓝宝石	sapphire
表圈	bezel	祖母绿	emerald
按钮	button	翡翠	jadeite
底盖	case back	水晶	crystal
表壳	case	珍珠	pearl
表冠	crown	钻石婚礼首饰	diamond bridal jewelry
表带	band/bracelet	钻石时尚首饰	diamond fashion jewelry
石英表	quartz watches	宝石首饰	gemstone jewelry
自动机械手表	automatic watches	全金属首饰	all-metal jewelry

手表词汇		珠宝词汇	
蓝宝石水晶表镜	sapphire crystal	男士首饰	men's jewelry
不锈钢	stainless steel	设计师首饰	designer jewelry
防水	water resistant	金	gold
防震	shock resistant	银	silver
抗刮	scratch resistant	铂金	platinum

附录B 世界知名邮轮公司旗下邮轮

嘉年华邮轮船名	
神往号	Carnival Ecstasy
佳名号	Carnival Sensation
欢欣号	Carnival Elation
乐园号	Carnival Paradise
精神号	Carnival Spirit
自豪号	Carnival Pride
传奇号	Carnival Legend
奇迹号	Carnival Miracle
征服号	Carnival Conquest
光荣号	Carnival Glory
英勇号	Carnival Valor
自主号	Carnival Liberty
自由号	Carnival Freedom
辉煌号	Carnival Splendor
梦想号	Carnival Dream
魔术号	Carnival Magic
微风号	Carnival Breeze
阳光号	Carnival Sunshine
日出号	Carnival Sunrise
光辉号	Carnival Radiance
展望号	Carnival Vista

嘉年华邮轮船名	
灵感号	Carnival Inspiration
地平线号	Carnival Horizon
全景号	Carnival Panorama
狂欢节号	Carnival Mardi Gras
庆典号	Carnival Celebration
歌诗达邮轮船名	
幸运号	Costa Fortuna
命运女神号	Costa Magica
赛琳娜号	Costa Serena
太平洋号	Costa Pacifica
辉宏号	Costa Favolosa
迷人号	Costa Fascinosa
炫目号	Costa Luminosa
唯美号	Costa Deliziosa
皇冠号	Costa Diadema
威尼斯号	Costa Venezia
佛罗伦萨号	Costa Firenze
翡翠号	Costa Smeralda
托斯卡纳号	Costa Toscana
皇家加勒比国际邮轮船名	
海洋绿洲号	Oasis of the Seas
海洋魅丽号	Allure of the Seas
海洋和悦号	Harmony of the Seas
海洋奇迹号	Wonder of the Seas

皇家加勒比国际邮轮船名	
海洋自由号	Freedom of the Seas
海洋自主号	Liberty of the Seas
海洋独立号	Independence of the Seas
海洋航行者号	Voyager of the Seas
海洋探险者号	Explorer of the Seas
海洋冒险者号	Adventure of the Seas
海洋领航者号	Navigator of the Seas
海洋水手号	Mariner of the Seas
海洋灿烂号	Radiance of the Seas
海洋光辉号	Brilliance of the Seas
海洋旋律号	Serenade of the Seas
海洋神话号	Legend of the Seas
海洋珠宝号	Jewel of the Seas
海洋荣光号	Splendour of the Seas
海洋富丽号	Grandeur of the Seas
海洋迎风号	Rhapsody of the Seas
海洋幻丽号	Enchantment of the Seas
海洋梦幻号	Vision of the Seas
海洋君主号	Sovereign of the Seas
海皇号	Monarch of the Seas
海洋帝王号	Majesty of the Seas
海洋量子号	Quantum of the Seas
海洋圣歌号	Anthem of the Seas
海洋赞礼号	Ovation of the Seas

皇家加勒比国际邮轮船名	
海洋光谱号	Spectrum of the Seas
海洋奥德赛号	Odyssey of the Seas
海洋交响乐号	Symphony of the Seas
海洋标志号	Icon of the Seas
地中海邮轮船名	
和谐号	MSC Armonia
荣耀号	MSC Bellissima
神曲号	MSC Divina
幻想曲号	MSC Fantasia
鸿图号	MSC Grandiosa
抒情号	MSC Lirica
华丽号	MSC Magnifica
传奇号	MSC Meraviglia
音乐号	MSC Musica
歌剧号	MSC Opera
管乐号	MSC Orchestra
诗歌号	MSC Poesia
珍爱号	MSC Preziosa
海际线号	MSC Seashore
海岸线号	MSC Seaside
海平线	MSC Seaview
序曲号	MSC Sinfonia
辉煌号	MSC Splendida
华彩号	MSC Virtuosa

地中海邮轮船名	
欧罗巴号	MSC World Europa
诺唯真邮轮船名	
安可号	Norwegian Encore
极乐号	Norwegian Bliss
喜悦号	Norwegian Joy
遁逸号	Norwegian Escape
爱彼号	Norwegian Epic
逍遥号	Norwegian Breakaway
畅意号	Norwegian Getaway
翡翠号	Norwegian Jade
珠宝号	Norwegian Gem
明珠号	Norwegian Pearl
珍宝号	Norwegian Jewel
之晨号	Norwegian Dawn
之星号	Norwegian Star
美国之傲号	Norwegian Pride of America
太阳号	Norwegian Sun
天空号	Norwegian Sky
精神号	Norwegian Spirit
公主邮轮船名	
加勒比公主号	Caribbean Princess
珊瑚公主号	Coral Princess
皇冠公主号	Crown Princess
钻石公主号	Diamond Princess

公主邮轮船名	
探索公主号	Discovery Princess
翡翠公主号	Emerald Princess
奇缘公主号	Enchanted Princess
至尊公主号	Grand Princess
海岛公主号	Island Princess
盛世公主号	Majestic Princess
帝王公主号	Regal Princess
皇家公主号	Royal Princess
蓝宝石公主号	Sapphire Princess
天空公主号	Sky Princess
红宝石公主号	Ruby Princess
精致邮轮船名	
极致号	Celebrity Solstice
季候号	Celebrity Equinox
新月号	Celebrity Eclipse
嘉印号	Celebrity Silhouette
印象号	Celebrity Reflection
千禧号	Celebrity Millennium
无极号	Celebrity Infinity
尖峰号	Celebrity Summit
星座号	Constellation
世纪号	Celebrity Century
银星号	Celebrity Mercury
远征号	Celebrity Xpedition

精致邮轮船名	
边缘号	Celebrity Edge
顶峰号	Celebrity Apex
超越号	Celebrity Beyond

附录C 邮轮商品零售岗位面试常用词汇

1. 销售技巧相关英语词汇

英文词汇	中文词汇	英文词汇	中文词汇
feature	特性	lead generation	潜在客户生成
advantage	优势	target audience	目标受众
benefit	利益	product knowledge	产品知识
attitude	态度	problem-solving	解决问题
smile	微笑	closing the deal	成交
body language	肢体语言	after-sales service	售后服务
posture	站姿	incentive	激励
gesture	手势	relationship building	建立关系
eye contact	目光交流	value-added	附加值
greeting	寒暄	customer retention	保留客户
preparation	准备	upselling techniques	升级销售技巧
signal	信号	product demonstration	产品演示
promotion	促销	negotiation skills	谈判技巧
merchandise	商品	sales pitch	销售陈述
register	收银机	closing strategies	结束策略
first impression	第一印象	consultative selling	咨询式销售
negotiation	谈判	solution-oriented	面向解决方案
pitch	推销	customer-centric	以客户为中心
prospect	潜在客户	trust-building	建立信任

英文词汇	中文词汇	英文词汇	中文词汇
closing techniques	结束技巧	closing the sale	完成销售
follow-up	后续跟进	objection handling	反驳处理
customer satisfaction	客户满意度	customer relationship management	客户关系管理
rapport	关系融洽	product positioning	产品定位
presentation	展示	influence	影响力
persuasion	劝说	sales target	销售目标
trust	信任	closing ratio	完成率
objection	反对	lead qualification	潜在客户资格认定
referral	推荐	sales cycle	销售周期
upselling	升级销售	customer engagement	客户参与度
cross-selling	交叉销售	brand loyalty	品牌忠诚度

2. 免税店面试申请表相关英语词汇

英文词汇	中文词汇	英文词汇	中文词汇
hiring agency	招聘代理	major/field of study	专业
issue date	签发日期	degree	学位
expiration date	过期日期	language skills	语言能力
passport number	护照号码	English proficiency	英语水平
emergency contact	紧急联系人	other languages	其他语言
cruise line	邮轮公司	work experience	工作经验
previous company	所在公司	job relation to you	工作关系
employer	雇主	position	职务
reference	工作证明人	retail experience	零售经验

英文词汇	中文词汇	英文词汇	中文词汇
duty-free shop experience	免税店工作经验	employment period at the company	在该公司的工作时间
supervisor’s name	主管的姓名	main responsibilities	主要职责
employee performance	员工表现	reason for leaving	离职原因
work schedule	工作时间表	skills	技能
interview date	面试日期	sales skills	销售技能
personal information	个人信息	customer service	客户服务
name	姓名	communication skills	沟通能力
gender	性别	teamwork	团队合作
date of birth	出生日期	problem solving	问题解决
nationality	国籍	time management	时间管理
residential address	居住地址	leadership skills	领导能力
phone number	电话号码	interests and hobbies	兴趣爱好
email address	电子邮件地址	reference	推荐人
marital status	婚姻状况	reference name	推荐人姓名
education background	教育背景	relationship with reference	与推荐人的关系
graduation school	毕业学校	contact number	联系电话

附录D 邮轮商品零售岗位常见面试问题

1. 能否介绍一下你的零售经验?

Can you tell about your retail sales experience ?

2. 为什么喜欢做销售呢?

Why do you like sales job?

3. 请描述一下你的店铺。

Describe your shop/store to me.

4. 之前你是否有销售提成?

Did you earn commission before?

5. 是个人提成还是团队提成呢?

Was it individual or team commission?

6. 如果你的顾客说他只是随便看看，你会怎么办呢?

What would you do if the customers tell you they're just looking around?

7. 你们店有哪些促销活动?

What promo activities do you have at your shop?

8. 可否介绍一下你们店里面最畅销的产品?

Can you introduce one of the most popular items in your shop to me ?

9. 如果顾客要买的一款商品已经售罄了，你会怎么样礼貌地告诉客人?

How do you tell the guest in a polite way that what he/she is looking for is out of stock or unavailable at the moment?

10. 怎么样体现你的团队合作意识?

How can you show that you have teamwork spirit?

11. 请描述一下你的性格。

How would you describe your personality?

12. 你如果激励团队达成销售业绩?

How do you motivate the team to achieve your sales goal?

13. 你是否愿意在船上工作 6 个月?

Are you willing to work for 6 months on board?

14. 你是否愿意每天工作 10~12 个小时，每周工作 7 天？

Are you willing to work 10~12 hours a day, 7 days a week?

15. 如果想家了怎么办？

How do you deal with homesickness?

16. 怎样面对工作中的压力？

How do you deal with stress/pressure from your work?

17. 哪些是你之前经常需要应对的顾客投诉？

What are common customer complaints you receive in the shop?

18. 你在以往的零售工作中，如何与多样化的客户群体建立良好的关系？

How do you establish good relationships with diverse customer groups in your previous retail work?

19. 你在过去的零售经验中，如何提高销售额和客户满意度？

How did you increase sales and customer satisfaction in your past retail experience?

20. 你在销售过程中常用的销售技巧有哪些？

What sales techniques do you often use during the sales process?

21. 请分享一次你成功处理复杂销售问题的经历。

Can you share an experience where you successfully handled a complex sales issue?

22. 在面对挑战性顾客时，你是如何保持耐心和友善的？

How do you maintain patience and friendliness when dealing with challenging customers?

23. 描述一次你成功达成销售目标的经历。

Describe an experience where you successfully achieved a sales target.

24. 你在过去的零售工作中，如何有效地与供应商和团队合作？

How do you effectively collaborate with suppliers and team members in your previous retail work?

25. 在快节奏的工作环境中，你是如何处理多任务和保持组织性的？

How do you handle multitasking and stay organized in a fast-paced work environment?

26. 请分享一次你帮助解决顾客投诉并恢复客户满意度的经历。

Share an experience where you helped resolve a customer complaint and restored customer satisfaction.

27. 你是如何保持积极的销售态度和良好的客户服务精神的？

How do you maintain a positive sales attitude and a strong customer service mindset?

28. 描述一次你提供了出色的销售建议并成功推销了附加产品的经历。

Describe an experience where you provided excellent sales advice and successfully upsold additional products.

29. 在免税店岗位上，你认为最重要的是什么？

What do you consider to be the most important aspect of working in a duty-free shop?

30. 在处理大量顾客时，你是如何确保每位顾客都得到个性化的关注和服务？

How do you ensure personalized attention and service for each customer when dealing with a high volume of customers?

31. 你如何利用产品知识和特性来推销和介绍商品？

How do you utilize product knowledge and features to promote and introduce merchandise?

32. 你在过去的零售工作中如何有效地管理库存和保持货架陈列整洁有序？

How did you effectively manage inventory and maintain neat and organized shelf displays in your past retail work?

附录E 邮轮商品零售岗位面试指导

1. 邮轮免税店零售岗位

在邮轮免税店零售岗位中，有不同的职位级别和晋升路径。这些岗位可以由低到高分为三类：基础岗位、专业级别岗位和管理岗位。以下是针对这三类岗位中的不同职位的描述。

（1）基础岗位

销售助理（sales associate）：作为销售助理，您将负责为顾客提供优质的购物体验。您将展示产品，回答顾客的问题，提供个性化的建议和推荐，并进行销售交易。您需要积极主动地与顾客互动，了解他们的需求，并努力达到销售目标。销售助理通常需要掌握产品知识、销售技巧和良好的客户服务能力。

（2）专业级别岗位

销售专员（sales specialist）：一般又会根据所负责的商品品类不同，分为手表专员（watch specialist）、珠宝专员（jewellery specialist）、香化护肤品专员（beauty specialist）等。作为销售专员，您将在特定领域或产品线上拥有更深入的专业知识。您将成为该领域的专家，能够为顾客提供更高级别的咨询和建议。销售专员通常需要在培训和产品知识方面投入更多的时间和精力，以便成为销售团队的关键成员。

视觉陈列员（visual merchandiser）：作为视觉陈列员，您将负责店铺内产品的陈列和展示，以吸引顾客的注意并增加销售。您需要具备艺术和创意眼光，能够根据品牌形象和市场趋势设计吸引人的陈列风格，并与销售团队合作以优化产品展示效果。

促销大使（promotion ambassador）：促销大使的工作职责通常包括促销活动的准备和执行，与顾客的互动和咨询，收集顾客反馈，并与销售团队密切合作以确保促销目标的达成。此外，促销大使还可能参与活动和节日装饰的策划和布置，以提升店铺的吸引力和购物体验。作为促销大使，您将负责推广和营销店铺内的促销活动和特别优惠。您将积极宣传促销活动，吸引顾客参与，并与顾客互动，提供相关信息和建议。促销大使需要具备良好的沟通能力、销售技巧和对产品知识的了解，以能够有效地传达促销信息并增加销售量。

（3）管理岗位

副经理（assistant manager）：作为副经理，您将协助店铺经理管理免税店的日常运营。您将参与员工管理、培训和招聘，协助制定销售策略和目标，以及监督销售团队的绩效。副经理还需要处理一些行政和后勤事务，与上级管理层进行协调，并确保店铺按照公司的标准和政策进行运营。

店铺经理（shop manager）：作为店铺经理，您将负责整个免税店的运营和管理。您将拟订销售计划和策略，管理销售团队，确保达到销售目标并提供卓越的客户服务。店铺经理还负责人员管理、预算控制、库存管理和与供应商的合作关系。您需要具备出色的领导能力、销售技巧、人员管理能力和商业意识，以确保店铺的成功运营。

这些职位级别代表了在邮轮免税店零售岗位中的不同层次和职责范围。通过不断提升自己的专业知识、展示出色的销售和管理能力，您可以朝着更高级别的职位发展，并在免税店行业中取得更大的成功。

2. 面试准备工作

（1）研究公司和岗位

了解国际邮轮免税店的背景、产品和品牌，以及销售助理在其中的角色和职责。浏览公司网站、社交媒体和新闻文章，收集相关信息。

复习销售知识和技巧：回顾和强化基本的销售技巧，包括积极主动地与顾客互动、提供个性化的客户服务、产品推销和附加销售等。准备一些销售场景和问题，以便在面试中展示您的销售能力。

（2）准备面试问题答案

预测可能被问到的面试问题，并准备相关的回答。这些问题可能包括您的零售经验、为什么喜欢销售工作、如何处理困难顾客、如何增加销售等。准备清晰、简洁且具体的回答，并结合自己的经历和成就进行展示。

（3）强调客户服务技能

国际邮轮免税店注重客户满意度，因此在面试中强调您的客户服务技能和经验。准备相关的例子，展示您如何处理顾客需求、解决问题并提供个性化的服务。

（4）了解免税商品

对免税商品和品牌有一定的了解，并研究免税店常见的产品类别和畅销商品。了解产品特点和优势，并准备介绍一款或几款畅销产品的能力。

（5）体现团队合作精神

国际邮轮免税店通常是一个团队合作的环境，准备展示您的团队合作精神和能力。强调您在过去的工作中与团队合作的经验，并准备分享团队取得成功的案例。

（6）态度和形象

面试时，展现积极、专业和自信的态度。穿着得体，保持良好的仪表和沟通礼仪。注意细节，如保持眼神交流、微笑和姿态。

（7）准备需要提问的问题

面试时通常会给您提供提问的机会。准备一些与岗位相关的问题，如公司文化、培训机会、职业发展等方面的问题。这不仅能展示您的兴趣，还能帮助您更好地了解这个岗位和公司。

（8）保持自信、积极和专注

准备充分可以增加您在面试中的表现和机会。记得提前安排好面试的时间和地点，准时到达，并带上所需的文件和材料。

3. 面试技巧

（1）现场面试

● 做好准备：提前了解面试的时间、地点和其他细节。准备好所需的文件和材料，如简历、身份证明等。

● 注意仪表和形象：穿着得体、整洁，展现专业和自信的形象。注意细节，如保持良好的姿态、眼神交流和微笑。

● 表达清晰：回答问题时要清晰、简洁明了。避免使用太多行业术语，以确保面试官能够理解您的回答。

● 展示销售技巧：在回答问题时展示您的销售技巧，如积极主动地与面试官互动、提供个性化的客户服务示例等。

● 准备问题：提前准备一些与岗位相关的问题，以便在面试结束时向面试官提问。这显示您对公司和职位的兴趣，并提供了进一步的交流机会。

（2）视频面试

● 测试设备和连接：在视频面试前测试设备，确保摄像头、麦克风和网络连接正常。选择一个安静、简洁的背景，并确保光线充足。

● 注意身体语言：尽量保持良好的姿势和身体语言，与面试官保持眼神接触。避免分心和不必要的手势。

● 保持专注：在视频面试中，注意保持专注并集中注意力。避免与其他应用程序或通知分散注意力，尽量将注意力集中在面试过程中。

● 流畅沟通：确保语速适中，清晰地表达自己的想法。尽量避免说话过快或含糊不清，以确保面试官能够理解您的回答。

● 使用视觉辅助工具：如果有需要，可以使用视觉辅助工具，如幻灯片、演示文稿或其他图表，以支持您的回答。

- 注意网络连接：如果网络连接不稳定，可能会导致视频卡顿或声音中断。在面试前确保您的网络连接稳定，可以考虑使用有线连接，而不是无线连接。

不管是现场面试还是视频面试，重要的是保持自信、积极和专注。准备充分可以增加您在面试中的表现和机会。

参考文献

[1] 王先庆 . 零售企业员工培训 [M]. 广州：广东经济出版社 , 2004.

[2] 刘晓刚，幸雪，傅白璐 . 奢侈品学 [M]. 上海：东华大学出版社 , 2016.

[3] 张玉斌 . 奢侈品学 [M]. 长春： 吉林人民出版社 , 2009.

[4] 麦克尼尔，列洛 . 奢侈品史 [M]. 李思齐，译 . 上海：上海人民出版社 , 2021.

[5] 埃瑟林顿 . 销售技巧 [M]. 张松洁，译 . 北京：中信出版集团 , 2019.

[6] 方永新 . 销售就是讲故事 [M]. 北京：中华工商联合出版社 , 2016.

[7] 科恩，德卡罗 . 销售管理 [M].10 版 . 刘宝成，李霄松，译 . 北京： 中国人民大学出版社 , 2017.